高职劳动教育与职业素养研究

谭小芳 著

吉林出版集团股份有限公司

图书在版编目（CIP）数据

高职劳动教育与职业素养研究 / 谭小芳著. -- 长春 : 吉林出版集团股份有限公司, 2024. 6. -- ISBN 978-7-5731-5298-5

Ⅰ. G40-015; B822.9

中国国家版本馆 CIP 数据核字第 2024BM0873 号

高职劳动教育与职业素养研究

GAOZHI LAODONG JIAOYU YU ZHIYE SUYANG YANJIU

著　　者　谭小芳
出版策划　崔文辉
责任编辑　王　媛
封面设计　万典文化
出　　版　吉林出版集团股份有限公司
（长春市福祉大路 5788 号，邮政编码：130118）
发　　行　吉林出版集团译文图书经营有限公司
（http：//shop34896900. taobao. com）
电　　话　总编办：0431-81629909　营销部：0431-81629880/81629900
印　　刷　唐山唐文印刷有限公司
开　　本　787mm×1092mm　1/16
字　　数　170 千字
印　　张　9.5
版　　次　2024 年 6 月第 1 版
印　　次　2024 年 6 月第 1 次印刷
书　　号　ISBN 978-7-5731-5298-5
定　　价　78.00 元

PREFACE 前言

在当今社会，随着经济全球化和技术的快速发展，劳动市场对人才的需求日益精细化、多样化。特别是对高职院校学生的职业素养提出了更高的要求，这不仅涉及专业技能的掌握，还包括创新能力、团队合作能力、职业道德等综合素质的养成。在这样的背景下，高职劳动教育作为培养学生职业素养的重要途径，其重要性和紧迫性不言而喻。然而，如何在高职教育中有效整合劳动教育与职业素养培养，促进学生全面发展，成为教育工作者和社会各界关注的焦点。

本书旨在探讨高职劳动教育与职业素养培养的内在联系，通过对高职劳动教育的现状、挑战及其与职业素养融合的内在逻辑的分析，提出促进高职院校学生职业素养养成的有效途径。书中首先从研究背景、意义及研究内容与方法等方面入手，明确了本书内容的起点和框架。随后，通过对劳动教育的概念与内涵、高职劳动教育的特点与目标以及现状与挑战的梳理，为理解劳动教育在高职院校中的应用提供了理论基础。接着，对职业素养的内涵、构成及其培养途径进行了深入分析，为探索劳动教育与职业素养融合提供了理论支撑。

本书的核心在于分析高职劳动教育与职业素养融合的内在逻辑，以及高职劳动教育助推学生职业素养养成的途径研究，旨在为高职院校提供实际操作的策略和建议。此外，对高职劳动教育与学生职业素养评价体系的构建也进行了详细的探讨，旨在为高职院校提供一种量化、系统化的评价工具。最后，通过对高职劳动教育与职业素养培养策略的提出，希望能够为高职院校的劳动教育实践和职业素养培养提供参考和指导。

CONTENTS

目　录

第一章　引言

第一节　研究背景

一、当前社会产业升级的需要

在 21 世纪这个知识经济时代，科技的飞速发展正推动着全球产业结构的深刻变革。我国正处于经济转型和产业升级的关键时期，传统产业正在向高技术、高附加值的方向转变，新兴产业和服务业迅速崛起，这一切都对劳动力市场提出了新的要求。产业升级不仅需要劳动者具备扎实的专业知识和技能，更强调创新意识、团队合作、终身学习等职业素养。

面对这样的社会背景，劳动教育的重要性日益凸显。劳动教育不仅仅是传授劳动技能，更重要的是培养学生的劳动价值观和劳动态度，激发他们的创新精神和实践能力。通过劳动教育，学生可以更好地理解劳动的本质和价值，形成正确的劳动观念，为将来步入职场打下坚实的基础。

在这个知识经济时代，劳动教育需要与时俱进，注重培养学生的创新能力和实践能力。高职院校应通过与企业合作，开展实践教学，让学生在实际工作环境中锻炼自己，提高他们的专业技能和职业素养。同时，劳动教育还应关注学生的个性发展，尊重他们的兴趣和特长，引导他们形成积极向上的劳动态度。

此外，劳动教育还应与职业道德教育相结合，培养学生具有良好的职业道德和职业行为。职业道德教育应注重培养学生的诚信、责任、尊重等价值观，使他们成为具有高度职业素养的劳动者。通过劳动教育和职业道德教育的有机结合，可以更好地满足社会产业升级对高素质劳动者的需求。

总之，在21世纪这个知识经济时代，劳动教育与职业素养的研究具有重要的现实意义。通过深入研究劳动教育与职业素养的关系，可以为我国高职教育改革提供理论支持和实践指导，培养更多具备创新精神和实践能力的高素质技术技能人才，为我国社会经济发展贡献力量。

二、职业素养教育面临诸多挑战

职业素养的培养在高职教育中面临诸多挑战。个别高职院校过于注重技能培训，忽视了学生职业素养的培养，导致学生在沟通协作、创新意识、职业道德等方面存在不足。职业素养的缺失使得学生在职场竞争中处于劣势，难以实现个人职业生涯的可持续发展。

在高职院校中，专业技能的培训往往成为教育的核心，导致忽略了培养学生全面的职业素养。这种片面的发展导致了学生职业素养的不足，影响了他们在职场中的表现和发展。

首先，沟通协作是企业中最基本的要求之一。然而，由于缺乏相关培养，有些学生在沟通表达和团队合作方面存在困难。他们可能不擅长与他人交流，无法有效地表达自己的想法和需求，也可能不懂得如何与他人合作，导致团队合作效果不佳。

其次，创新意识是职业发展中至关重要的一点。在快速变化的工作环境中，创新能力成为企业竞争的关键。然而，有些学生在高职院校中缺乏培养创新思维和实践的机会，导致他们在面对问题时缺乏创新意识和解决问题的能力。

此外，职业道德也是职业素养的重要组成部分。缺乏职业道德的学生可能不懂得如何正确处理工作中的道德和伦理问题，可能忽视职业道德规范，甚至可能涉及不当行为，对企业和个人形象造成损害。

因此，高职院校需要重视学生职业素养的培养。学校应该将职业素养的培养纳入课程设置和教育目标中，通过开展团队合作活动、创新实践项目、职业道德教育等，提供学生全面发展职业素养的机会。同时，学校还可以与企业合作，开展实习实训，让学生在实际工作环境中培养和提升职业素养。

通过全面培养学生的职业素养，高职院校可以更好地满足社会对高素质技术技能人才的需求，提升学生的就业竞争力和职业发展潜力。这样的教育模式将有助于学生实现个人职业生涯的可持续发展，为社会的进步和发展做出积极贡献。

因此，针对高职劳动教育与职业素养的研究具有重要的现实意义。本书旨在探讨高职劳动教育与职业素养的关系，分析当前高职劳动教育与职业素养培养中存在的问题，提出相应的改进措施，为我国高职教育改革提供理论支持和实践指导。本书有助于提高高职教育质量，培养更多具备良好职业素养的高素质技术技能人才，满足我国社会经济发展的需求。

第二节 研究意义

一、培养高素质技术技能人才的需要

随着我国社会经济的快速发展，产业结构的不断优化升级，对高素质技术技能人才的需求日益增加。在这个大背景下，高职教育作为培养高素质技术技能人才的重要途径，承担着为国家输送合格劳动者的重任。因此，研究劳动教育与职业素养的关系，对于优化人才培养模式，提升学生的综合素质，更好地满足社会对高素质技术技能人才的需求，具有深远的意义。

首先，研究劳动教育与职业素养的关系，有助于高职院校更加明确人才培养的目标和方向。在产业结构升级的背景下，企业对员工的要求不再仅仅局限于专业技能，更看重他们的职业素养。通过研究，高职院校可以更准确地把握市场需求，调整课程设置和教学内容，使学生在掌握专业技能的同时，培养良好的职业素养。

其次，研究劳动教育与职业素养的关系，有助于改革教学方法，提高教学质量。传统的课堂教学模式往往难以满足劳动教育与职业素养培养的需求。通过研究，可以探索更多实践性、体验式、情境式的教学方法，让学生在实践中提升劳动技能，培养职业素养。

再次，研究劳动教育与职业素养的关系，有助于加强校企合作，推动产学研一体化。企业是学生职业素养培养的重要场所，通过与企业合作，可以将劳动教育与职业素养的培养与企业需求相结合，使学生在实际工作中提升职业素养，为将来步入职场打下坚实基础。

最后，研究劳动教育与职业素养的关系，有助于提升学生的社会适应能力和竞争

力。在快速变化的社会环境中，具备良好职业素养的学生更能适应职场需求，实现个人职业生涯的可持续发展。通过研究，可以为我国高职教育改革提供理论支持和实践指导，培养更多具备良好职业素养的高素质技术技能人才，为我国社会经济发展贡献力量。

二、促进教育改革与发展

研究劳动教育与职业素养的关系，可以揭示教育实践中存在的问题，并为其提供理论支持和实践指导。通过深入研究，可以了解到劳动教育在高职教育中的地位和作用，明确劳动教育对于培养学生职业素养的重要性。同时，研究还可以发现职业素养培养中存在的问题，如培养方式单一、与企业需求脱节等，为高职教育改革提供有益的启示。

为高职教育改革提供理论支持和实践指导是研究劳动教育与职业素养的重要目标之一。通过研究，可以提出更加科学合理的教育理念和培养模式，推动教育体制和人才培养模式的创新与发展。例如，可以探索将劳动教育与专业课程相结合的方式，通过实践活动、实习实训等途径，提升学生的劳动技能和职业素养。同时，还可以借鉴国内外的先进经验，引入多元化的教育手段和方法，如案例教学、角色扮演等，激发学生的学习兴趣和参与度，提高教育的实效性。

推动教育体制和人才培养模式的创新与发展是高职教育适应社会需求的关键。通过研究劳动教育与职业素养，可以促进高职院校与产业界的紧密合作，实现教育与产业的良性互动。高职院校可以根据产业发展需求，调整专业设置和课程内容，培养与企业需求对接的高素质技术技能人才。同时，还可以加强与企业的合作，开展产学研项目，为学生提供更多的实践机会和就业渠道，培养具备实际工作能力和职业素养的毕业生。

总之，研究劳动教育与职业素养对于发现教育实践中存在的问题、为高职教育改革提供理论支持和实践指导，以及推动教育体制和人才培养模式的创新与发展具有重要意义。通过深入研究，可以优化高职教育体系，培养更多具备良好职业素养的高素质技术技能人才，为我国社会经济发展提供有力的人才支持。

三、提升学生就业竞争力

良好的职业素养是学生在职场竞争中脱颖而出的关键。职业素养包括了职业道德、职业行为、团队合作、沟通能力、创新意识等多个方面，它是学生在职场中取得成功的重要保障。通过研究劳动教育与职业素养，可以探索更有效的培养策略，提升学生的职业素养，从而提高他们的就业竞争力和职业发展潜力。

首先，研究劳动教育与职业素养可以帮助学校和教师更好地理解职业素养的内涵和重要性。通过深入了解职业素养的各个方面，教师可以更有针对性地设计课程和教学内容，将职业素养的培养融入到学生的日常学习中。例如，通过案例教学、角色扮演、团队项目等方式，可以让学生在实践中提升团队合作、沟通能力和解决问题的能力。

其次，研究劳动教育与职业素养可以帮助学校与企业建立更紧密的合作关系。通过与企业的合作，学校可以更好地了解行业需求和职业素养的要求，为学生提供更具针对性和实用性的培养方案。企业可以参与课程设计和实践教学，提供实习实训机会，让学生更好地了解职业工作环境和要求，提前适应职场生活。

最后，研究劳动教育与职业素养可以提升学生的自我认知和职业规划能力。通过深入了解职业素养的要求和重要性，学生可以更好地认识自己的优势和不足，明确自己的职业目标和发展方向。学校可以提供职业规划指导和辅导服务，帮助学生制定个人发展规划，提升他们的职业素养和就业竞争力。

综上所述，通过研究劳动教育与职业素养，可以探索更有效的培养策略，提升学生的职业素养，从而提高他们的就业竞争力和职业发展潜力。这对于学生个人的成长和发展，以及社会经济的发展都具有重要意义。

四、塑造学生正确的劳动观念

劳动教育不仅是传授学生基础劳动技能的过程，更是一种培养学生正确劳动观念的重要途径。在当前社会背景下，劳动教育与职业素养之间的联系日益紧密，成为教育者和学者关注的焦点。通过系统的劳动教育，可以有效引导学生树立正确的劳动价值观，培养他们的劳动精神和劳动技能，这对于学生将来步入职场，适应社会，展现个人能力打下坚实的基础。

首先，劳动教育能够帮助学生建立起正确的劳动观念。在这一过程中，教育者需向学生传达劳动不仅是赚取生活费用的手段，更是个人成长、社会进步的重要驱动力。通过参与各种劳动实践，学生能够体验到劳动的艰辛与乐趣，从而理解到劳动的尊严和价值。

其次，劳动教育与职业素养的研究有助于精准定位教育内容和方法，使教育更加贴近实际需要。例如，通过实践活动，学生不仅可以学习具体的劳动技能，如园艺、木工或是编程，还可以在过程中学会团队合作、时间管理等职业素养。这种教育方式能够使学生在参与劳动的同时，培养解决问题的能力，增强自我管理和自我提升的意识。

再者，正确的劳动价值观和丰富的劳动经验，是学生将来获得职业成功的重要基石。在职业生涯中，拥有良好的劳动素养，能使个人在竞争激烈的职场环境中脱颖而出。因此，劳动教育不仅仅关乎技能的培养，更关乎职业道德、职业态度的塑造。

最后，实施劳动教育需要教育者、学校、家庭以及社会各界的共同参与和支持。通过多元化的劳动教育活动，如社区服务、企业实习、校园创业项目等，可以为学生提供丰富的学习场景，让他们在真实的社会环境中学习和成长。

综上所述，劳动教育是一项多维度、跨领域的综合性教育活动。通过引导学生树立正确的劳动价值观，培养他们的劳动精神和劳动技能，不仅能为他们将来的职业生涯奠定坚实的基础，还能促进个人全面发展，为社会培养出有责任感、有能力、有担当的人。

五、促进学生全面发展

劳动教育与职业素养的研究是现代教育体系中的重要组成部分，它关注于通过多元化的教学方法和实践活动，全面提升学生的综合素质。这种教育方式不仅重视学生知识与技能的获得，更强调过程与方法的学习，以及情感态度价值观的培育，力图达到知识技能、学习过程方法以及情感态度与价值观三者的有机统一。

首先，劳动教育与职业素养的研究通过实践活动，为学生提供了理论知识与实际技能相结合的学习机会。这种结合不仅让学生在实际操作中理解和掌握专业知识，更能通过解决实际问题来提高其解决问题的能力和创新思维。

其次，过程与方法的学习是劳动教育的另一大特点。在参与劳动和项目实践的过程中，学生能够学习到如何有效地组织和计划工作，如何与他人协作，以及如何在面对挑战时保持积极的态度。这些过程中获得的技能对于学生未来的职业生涯至关重要。

更重要的是，劳动教育与职业素养的研究强调在教育过程中培养学生的情感态度和价值观。通过参与社会服务、团队合作项目等活动，学生不仅能学会尊重劳动、感恩社会，还能培养强烈的社会责任感和集体荣誉感。这样的情感态度和价值观的培养，是形成健康人格和高素质人的基础。

通过劳动教育与职业素养的研究和实践，能够有效促进学生的全面发展。这不仅包括学术知识和技能的提高，还包括创新意识、团队合作精神和社会责任感的培养。培育出这样的高素质技术技能人才，对于推动社会进步和经济发展具有重要意义。

综上所述，劳动教育与职业素养的研究为学生的全面发展提供了一个全新的视角。通过强调知识与技能的融合、学习过程与方法的重要性以及情感态度价值观的培养，为培育高素质技术技能人才奠定了坚实的基础。这种综合性的培养模式，不仅有助于学生在未来的职业生涯中取得成功，更能让他们成为具有创新精神、团队合作能力和强烈社会责任感的优秀的人。

六、满足社会经济发展需求

在当前全球化和技术迅速发展的时代背景下，高等职业教育扮演着至关重要的角色。特别是高职劳动教育与职业素养的研究，不仅致力于传授专业技能，更注重学生综合素质的培养，旨在为社会培育出能够适应社会经济发展需求的高素质技术技能人才。这一教育目标的实现，为我国社会经济的持续发展提供了有力的人才支持。

首先，高职劳动教育与职业素养的重点在于提高学生的实践能力和技术技能。通过实验、实训等方式，学生可以将理论知识与实际操作相结合，提高解决实际问题的能力。这种技能的提升，使学生毕业后能够迅速适应工作岗位，有效满足社会经济发展的需求。

其次，除了专业技能的培养，高职教育还强调职业素养的提升，如职业道德、团队合作能力、创新思维等。这些素质的培养，使得学生不仅成为技术熟练的工作者，更成为具备良好职业道德和创新能力的社会成员。在快速变化的经济环境中，这些素质对于个人的职业发展和企业的长远发展都至关重要。

此外，高职教育还积极探索与企业合作的教育模式，通过校企合作、工学结合的方式，更紧密地将教育内容与企业需求对接。这种合作不仅使学生能够获得更多实践机会，也为企业培养了即战即用的技术人才，从而形成了学校、学生和企业三方共赢的局面。

综上所述，高职劳动教育与职业素养的研究对于培养适应社会经济发展需求的高素质技术技能人才至关重要。它不仅促进了学生技能与素养的全面提升，也为我国社会经济的持续健康发展提供了有力的人才支持。在未来，高职教育将继续发挥其重要作用，为社会培养出更多优秀的技术技能人才，共同推动社会进步与经济繁荣。

第三节　研究内容与方法

一、研究内容

（一）劳动教育对学生劳动素养影响的研究

1. 学生劳动观念的形成与变化

劳动教育在塑造和深化学生对劳动的理解中起着至关重要的作用。它不仅引导学生认识到劳动作为获取生计和实现自我价值的基本途径，还强调了劳动在推动个人全面发展和社会整体进步中的关键作用。通过系统的劳动教育，学生逐渐建立起对劳动的正确认知。

随着劳动教育的不断深化，学生对于劳动的观念经历了显著的转变。通过参与各种形式的劳动实践，如学校组织的社会服务、职业技能培训以及实地考察等，学生开始认识到劳动的多重价值。他们学会了欣赏劳动过程中的创造性和解决问题的能力，理解到劳动是实现个人价值、促进社会进步的重要途径。

更进一步，劳动教育还强化了学生的社会责任感和集体主义精神。通过团队合作的劳动项目，学生体验到通过共同努力以达成共同目标的满足感和成就感，从而增强了他们的社会归属感和对公共福利的责任感。此外，劳动教育还通过反映劳动人民的历史和文化，帮助学生深刻理解劳动与国家发展、社会进步之间的紧密联系。

总而言之，劳动教育通过多维度的教学内容和丰富多样的实践活动，有效地促进了学生劳动观念的形成与变化。从最初的基本认知到对劳动深层次价值的理解，再到积极参与社会劳动的愿望和行动，学生的劳动观念经历了一次完整的演变过程。

2. 劳动技能的获取与提升

劳动技能的获取与提升不仅是劳动教育的重要组成部分，更是其核心目标之一。在教育过程中，通过一系列精心设计的实践活动，如学校组织的社会服务项目、创新的工作坊课程以及具有挑战性的校外实习机会，学生有机会学习和发展从传统手工艺到现代技术应用的广泛技能。这一过程不仅使学生能够逐步掌握各类实用技能，而且还激发了他们对新知识的探索热情和对未来职业的兴趣。

实践活动提供了一个真实的学习环境，使学生能够在实际操作中遇到并解决问题，这种经验是传统课堂教学难以提供的。例如，参与社会服务项目不仅让学生应用他们的技能来解决社区的实际问题，还培养了他们的社会责任感和团队合作能力。工作坊课程则侧重于手工制作和创意设计，鼓励学生发挥创造力，同时学习项目管理和时间管理的技能。校外实习则为学生提供了在企业或行业中工作的机会，让他们能够了解职业世界的运作方式，增强职业适应能力。

这些技能的提升极大地增强了学生的自我效能感，即他们对自己完成特定任务和解决问题能力的信心。自我效能感的提高，不仅影响学生的学习动力和持续学习的意愿，还对他们的职业选择和未来的职业成功有着重要影响。此外，通过劳动技能的学习和提升，学生为自己将来的职业生涯建立了坚实的基础，不仅仅是在技能水平上，更在于他们学会了如何学习、如何适应新环境以及如何与人有效沟通。

总之，劳动技能的获取与提升是劳动教育不可或缺的一环。通过参与各种实践活动，学生不仅获得了宝贵的技能，更重要的是，他们学会了如何面对挑战、如何在团队中合作以及如何为自己的未来规划，为他们未来无论是继续教育还是直接就业奠定了坚实的基础。

3. 劳动态度与价值观的培育

劳动教育在塑造学生积极的劳动态度和健康的价值观方面起着决定性的作用。通过精心设计和实施一系列多样化的劳动活动，如社区服务、校园维护项目，以及与地方企业合作的实习等，学生得以在实践中深刻体会劳动的意义与价值。这类活动不仅使学生学会如何在实际劳动过程中克服挑战和解决问题，更重要的是，它们能够培养学生对劳动的深切尊重、对劳动成果的珍视以及对团队协作的认可和重视。

这些实践活动通过提供直接参与劳动的机会，使学生能够体会劳动的艰辛与乐趣，进而认识到每一份劳动都是值得尊重的。在完成任务和解决问题的过程中，学生不仅提升了个人技能，更在心理上获得了成就感，这有助于他们形成积极向上的劳动态度。同时，这些活动中的团队合作经验教会了学生如何与他人有效沟通、协调和合作，使他们认识到团队合作在完成复杂任务和达成共同目标中的重要性。

更进一步，劳动教育通过让学生参与到社会实际工作中，帮助他们加深了劳动对于个人成长和社会发展的重要性的理解。学生开始意识到，通过劳动不仅可以实现个人价值，提升自我能力，还可以为社会做出贡献。这样的认识促使学生在思考未来职业道路和生活目标时，更加重视个人兴趣和社会责任的结合，追求有意义的生活和工作。

综上所述，劳动教育通过多元化的实践活动，有效地促进了学生在劳动态度和价值观方面的积极变化。这不仅为学生的全面发展和未来职业生涯奠定了坚实的基础，更重要的是，培养了他们成为有责任感、有能力，并能为社会做出贡献的人。

（二）劳动教育与职业素养的实践研究

1. 教育策略与方法的探索

在劳动教育与职业素养的实践研究领域，深入探讨和实施有效的教育策略与方法显得尤为关键。为了更好地实现这一目标，教育者们正逐渐引入并优化一系列现代化教学方法，诸如项目式学习（PBL）、问题解决学习（PSL），以及基于案例的学习等。这些方法的共同特点在于它们均强调以学生为中心，通过参与真实世界的问题解决，旨在培养学生的劳动技能和提升其职业素养。例如，项目式学习让学生在探索解决社区问题的过程中，不仅学习到具体的技能，更重要的是学会了如何协作、如何进行有效沟通以及如何进行项目管理。

此外，这种学习方法还强调反思和自我评估的重要性，鼓励学生在完成每个项目或解决每个问题后，进行自我反思，以识别自己的强项和改进的空间。这种反思过程对于学生的个人成长和职业发展至关重要。

为了确保这些教育策略能够有效实施，并真正促进学生的学习和成长，建立一个全面的评估体系也是必不可少的。这个评估体系不仅需要对学生的学习成果进行量化，更重要的是要对学生的学习过程、团队合作能力、创新思维和问题解决能力等软技能进行评估。这样的评估体系可以帮助教育者了解哪些教学方法最有效，哪些需要调整，从而不断优化教育策略，确保教育质量。

同时，评估体系也应该能够为学生提供及时的反馈，帮助他们认识到自己的进步和成就，以及需要进一步改进的领域。这种及时反馈对于激发学生的学习动机、增强他们的自信心和自我效能感都是极其重要的。

总之，劳动教育与职业素养的实践研究强调了有效教育策略与方法的探索与实施的重要性。通过采用现代化教学方法，并结合全面的评估体系，可以提升学生的劳动技能和职业素养，为他们的未来职业生涯以及个人成长奠定坚实的基础。

2. 校企合作模式下的劳动教育实践

校企合作模式在劳动教育领域发挥了至关重要的作用，它为学生提供了宝贵的实践学习机会，使他们得以在真实的工作环境中不仅学习和应用所掌握的技能，而且还能够直接参与到实际的工作流程中。这种模式的核心价值在于其双向互利的特点：一方面，学生通过参与企业的实际项目，能够获得宝贵的实践经验，这些经验不仅涵盖了专业技能的应用，还包括了职场沟通、团队协作等职业素养的培养。这种直接的工作体验让学生能够深刻理解未来职场的具体要求和挑战，为他们日后的职业规划和发展提供了实际的参考。

另一方面，企业通过提供实习机会，不仅能够让学生将最新的理论知识和创新思维带入工作中，从而促进企业的发展和创新，同时也为企业挖掘和培养未来的人才储备。学生在实习过程中展现的能力和潜力，为企业提供了一个直接观察和评估潜在雇员的机会，这对于企业来说是一种长期投资，能够帮助其构建更加稳定和高效的人才队伍。

此外，校企合作模式还促进了教育内容与职场需求之间的紧密联系，帮助教育机构调整和优化课程设置，使之更贴近实际工作需求，增强教育的针对性和实用性。这种紧密的联系确保了教育内容的时效性和前瞻性，为学生提供了更加实用和有效的学习内容。

综上所述，校企合作模式为劳动教育提供了一个理想的实践平台，不仅促进了学生技能的学习和应用，加深了他们对职场要求的理解，还为企业和社会培养了具备实用技能和良好职业素养的优秀人才。这种模式的成功实施，为实现教育与社会经济发展的良性互动提供了有效途径，对于促进劳动教育和职业素养的整体提升具有重要意义。

3. 劳动教育在不同教育阶段的实施情况

考虑到不同教育阶段的学生在认知发展和技能掌握上的差异性，劳动教育的内容与方法确实需要做出相应的调整以适应每个阶段的特定需求。这种分阶段的教育策略能够确保学生从基础到高级，逐步构建起自己的劳动技能和职业素养，为将来的职业生涯和个人发展奠定坚实的基础。

在小学阶段，学生正处于形成基本生活习惯和认知技能的关键期。因此，劳动教育应着重于培养学生的基本生活技能，如个人卫生、简单的家务劳动以及基础的手工制作等。此外，通过简单的集体劳动活动，如校园清洁和绿化，学生不仅能学习到劳动的基本技能，还能培养良好的劳动习惯和团队合作的意识，这对他们的全面发展极为重要。

进入中学阶段，学生的认知能力和社会意识开始显著增强，此时引入更多专业技能的学习和职业探索变得尤为重要。通过设置更为复杂的工程项目、科学实验或艺术创作等活动，学生不仅可以掌握特定的技能，还可以通过这些活动探索自己未来可能感兴趣的职业方向。同时，这一阶段也可以通过职业讲座、企业参观等方式，让学生更加直观地了解各种职业的特点和要求，激发他们对未来职业生涯的思考和规划。

到了高等教育阶段，学生已具备较强的学习能力和专业基础，劳动教育应更加注重专业技能的深化和职业素养的全面提升。这包括通过实习、实训、科研项目等形式，使学生能够在实际工作环境中深化专业知识，应用和发展所学技能。同时，高等教育阶段的劳动教育还应涵盖职业道德、团队管理、领导力培养等内容，全面提升学生的职业素养，为其成为行业内的专业人才做好准备。

通过这种逐步深入的劳动教育，学生能够在不同的成长阶段获得与其认知发展和能力提升相匹配的知识和技能，有效地促进其全面发展，为未来的学习、工作和生活打下坚实的基础。

二、研究方法

本书旨在深入探究劳动教育及劳动素养对学生个人发展和职业生涯的影响。为实现这一目标，我们采用了多种研究方法，包括文献分析、实证研究以及数据分析，以确保研究的全面性和深度。

（一）文献分析

在本书探索劳动教育和劳动素养对学生个人成长及其未来职业发展影响的初期阶段，我们采取了系统的文献分析方法，旨在构建一个坚实且全面的理论框架。此过程包括了对广泛的文献资源的搜集、筛选和深度审阅，这些文献不仅覆盖了劳动教育和劳动素养的基本概念、核心理念和历史发展，也涉及了它们在不同教育系统和社会背景下的实际应用和实施效果。特别是，我们关注于劳动教育对于培养学生基本生活技能、职业技能及其在现实职场中的适应性的作用，以及劳动素养如何影响学生的职业选择、职业准备程度和最终的职业成就。

通过深入分析这些文献，我们能够明确劳动教育和劳动素养在当前教育体系中的位置和作用，识别出实施过程中面临的主要挑战和问题，如课程设计的多样性、教学方法的创新，以及评价系统的完善等。此外，这一过程也使我们得以发现研究中尚未充分探讨或存在争议的领域，例如劳动教育对于特殊教育需求学生的适用性、劳动素养与数字技术融合的前景，以及跨文化背景下劳动教育的可行性和效果等。

进一步地，文献分析还揭示了劳动教育和劳动素养研究的未来方向，包括采用跨学科的研究方法、探索基于技术的教学工具和平台，以及设计更为全面和客观的评估标准。这一阶段的工作为本书奠定了坚实的理论基础，确保了后续实证研究的方向和方法的科学性和有效性，同时也为该研究领域的学术讨论和实践探索提供了新的视角和思路。

（二）实证研究

实证研究部分构成了本书的核心，它的主要目的是通过直接从现实世界收集数据来验证研究中的理论假设。为了实现这一目标，我们采纳了三种主要的实证研究方法，每种方法都主要在从不同角度深化我们对于劳动教育和劳动素养影响的理解。

首先，问卷调查被设计为一种广泛收集数据的工具，目标受众包括学生、教师和企业。这份问卷详细覆盖了诸如劳动教育的具体内容、实施的效果，以及劳动素养如何影响个人的发展等一系列问题。设计问卷的目的在于从多维度收集数据，以便对劳动教育的实际影响进行全面的评估。通过这种方式，我们希望能够获得广泛而深入的视角，从而更好地理解劳动教育在不同群体中的接受度和效果。

其次，访谈方法被用来获取更为深入的数据。通过与一系列的教育工作者和行业专家进行深度访谈，我们能够收集到关于劳动教育实施中遇到的具体挑战、面临的机遇，以及对于其未来发展趋势的洞察。这种一对一的交流方式不仅可以让我们得到关于劳动教育和劳动素养领域内的专业见解，还可以帮助我们理解不同利益相关者的具体需求和期望。

最后，通过案例研究，我们精心挑选了几个在劳动教育和劳动素养实践中表现出色的典型案例进行分析。这些案例代表了在不同环境和条件下劳动教育实施的成功经验，提供了可供借鉴的策略和方法。对这些案例的深入研究不仅能够让我们直观地看到劳动教育和劳动素养在实际应用中的成效，也能够帮助我们识别和总结有效实施劳动教育的关键因素。

（三）数据分析

在完成实证研究阶段并收集到相关数据之后，紧接着的步骤便是对这些数据进行详尽的分析，这一环节对于解锁研究数据的潜在价值至关重要。为了确保分析的全面性与准确性，本书综合运用了定量分析和定性分析两种主要的数据处理方法。

对于定量数据，特别是来自问卷调查的结果，我们采取了统计分析的方法。通过使用先进的统计软件，如 SPSS 和 Excel，我们不仅能够对数据集进行整理和概述，还能通过各种统计测试和模型分析来识别其中的模式、趋势以及变量之间的可能关系。这种分析方法的应用，使我们能够量化劳动教育和劳动素养对学生个人发展和职业准备的实际影响，从而为理论提供强有力的实证支持。

与此同时，定性数据，包括但不限于访谈记录和案例研究资料，通过内容分析法进行处理。内容分析法允许我们深入挖掘非数值数据中蕴含的丰富信息，通过系统地分类、总结和比较文本数据，提炼出关键主题、概念和模式。这种方法的应用，特别是在分析教育工作者和行业专家的访谈记录时，帮助我们理解了劳动教育实施中的具体挑战、成功经验以及实践中的深刻洞见，进而为优化劳动教育提供了宝贵的定性证据。

通过这一系列综合的研究方法，我们期望能够对劳动教育与劳动素养的实践效果进行全面的评估，并提出有效的策略和建议，以促进学生的全面发展和职业成功。

第二章　高职劳动教育概述

在当今快速变化的社会和经济背景下，劳动教育显得尤为重要，它在现代教育体系中扮演着不可或缺的角色。劳动教育不仅是传授学生必要劳动技能的过程，更是一种培养学生全面发展的教育方式，它旨在帮助学生建立正确的劳动观念和价值观，同时提升他们的职业素养和社会责任感。通过劳动教育，学生能够学习到如何通过自身的劳动实践来改善生活、服务社会，并为未来的职业生涯做好准备。

第一节　劳动教育的概念与内涵

在现代教育体系中，劳动教育起着桥梁作用，连接着学生的学校生活和未来的职场生活。它强调理论与实践的结合，通过实践活动让学生亲身体验劳动的过程，理解劳动的意义，并学习到实用的技能。此外，劳动教育也着重于培养学生的创新思维和解决问题的能力，这些能力在学生步入职场后将极为重要。

随着社会对人才要求的多样化，劳动教育的内容和方法也在不断更新和发展，以适应新的教育需求和社会挑战。劳动教育的深化和扩展，不仅有利于提升学生的个人能力，更有助于培育出能够推动社会进步的新一代。因此，将劳动教育纳入现代教育体系，对于促进学生的全人教育、实现教育的终身化和多元化具有重要意义。

一、劳动教育的定义

（一）劳动教育的内涵

劳动教育，作为教育体系中至关重要的一环，旨在通过精心设计的教学活动，全面提升学生在劳动方面的知识、技能、态度和价值观。劳动教育的目标是帮助学生深刻理解劳动的真正意义，认识到通过劳动可以实现个人价值、促进社会和谐以及推动经济增长。

在内容上，劳动教育不局限于传授传统的手工技能，它还包含了适应现代社会需求的各类职业技能和综合素养的培养。例如，团队合作的能力培养不仅能够帮助学生在未来的职场中更好地与他人协作，还能在学生心中树立集体主义和协同工作的价值观。创新思维的培育则鼓励学生在面对各种问题和挑战时，能够跳出传统思维模式，寻找和创造新的解决方案。解决问题的能力则是劳动教育中不可或缺的一部分，它要求学生能够在实际工作中有效地识别问题、分析问题并解决问题，这不仅是职业成功的关键，也是个人发展的重要能力。

劳动教育的实施旨在通过一系列有组织的活动，如项目制学习、实习经历、工作坊和社会服务等，为学生提供真实的劳动体验和学习机会。通过这些活动，学生不仅能够将理论知识与实践操作相结合，还能在真实的社会环境中体验劳动的社会意义和文化价值。这样的教育过程不仅能够提升学生的职业技能，更重要的是能够培养他们正面的劳动态度和高尚的劳动价值观，为他们未来无论是继续深造还是步入职场奠定坚实的基础。

综上所述，劳动教育的内涵远远超出了简单的技能培训，它是一种全面提升个人能力、塑造积极态度和培育高尚价值观的教育形式。通过劳动教育，学生能够更好地准备自己迎接未来的挑战，实现个人的全面发展，并为社会和国家的繁荣贡献自己的力量。

（二）不同国家劳动教育的内涵差异

在全球范围内，劳动教育作为一个多样化的概念，其解释和实施方式在不同文化和国家背景下展现出丰富的多样性。在某些国家内，劳动教育被紧密地纳入职业教育体系，主要目标是向学生提供专业的职业技能培训，为他们进入特定行业或职业领域做准备。这种劳动教育模式强调技能的实用性和直接性，旨在快速提升学生的就业竞争力。

另外一些国家，劳动教育的定义和实践则更为广泛，不仅仅局限于职业技能的培养。这类教育模式强调学生全面能力的发展，包括但不限于劳动技能的提升、社会责任感的培育，以及对劳动本身价值的深刻理解。在这种教育观下，劳动被视为个人成长和社会参与的重要途径，教育内容不仅关注于技能的学习，还包括了对工作伦理、团队合作、创新思维等软技能的培养。

此外，不同国家和文化背景下对于劳动教育的实施方式和重视程度也大不相同。例如，一些国家通过正规的学校教育系统直接将劳动教育纳入课程中，以形式化的课程和评估体系来进行教学和学习。这些课程可能包括理论学习、实践操作、企业实习等多种形式。而另外一些国家，劳动教育可能更侧重于非正式教育渠道，如社区项目、志愿服务、工作坊等，这些活动旨在通过实践经验让学生获得劳动技能，同时增强他们对社区和社会的贡献意识。

全球范围内对劳动教育的不同实施和解释，深刻体现了各社会在教育目标、经济需求以及文化价值观方面的多样性。这些差异揭示了劳动教育不仅仅是技能传授的简单过程，它还深深植根于每个国家的社会结构、经济发展阶段和文化传统之中。例如，一些经济高度发达的国家可能更注重于通过劳动教育培养创新和批判性思维能力，以适应其知识密集型的经济结构，而资源丰富的国家则可能更加重视基础劳动技能和自然资源管理的教育，以支持其经济的持续增长。

尽管这些差异显著，但全球各国都普遍认同劳动教育对于培养能够适应未来社会和经济发展需求的全面发展人才所起到的关键作用。这种共识基于对劳动教育能够有效提升学生综合能力的认识，包括但不限于实用技能、生活能力、社会责任感以及持续学习的能力。这些能力对于个人来说是实现职业成功和个人满足的关键，对于社会而言，则是推动创新、增强社会凝聚力和保障经济稳定发展的基石。

因此，劳动教育已成为现代教育体系中不可分割的一部分，它不仅是教育系统响应快速变化社会和经济需求的途径，更是塑造健康、持续发展社会的基础。无论是在发展中国家还是在发达国家，劳动教育都被视为一种重要的教育策略，用于提升学生的实用技能和生活能力，同时也是促进社会整体福祉、实现可持续发展目标的关键。通过劳动教育，不仅可以增强个人的职业准备能力和生活技能，还可以培养未来公民对于社会贡献的意识和责任感，进而推动社会向更加公正、包容和繁荣的方向发展。

二、劳动教育的内容

劳动教育作为培养学生全面发展的重要途径，其内容丰富多样，涵盖了从基本生活技能到专业职业技能，再到劳动法律知识和劳动心理调适等多个方面。

（一）基本生活技能

基本生活技能教育是劳动教育的重要组成部分，它深刻地影响着学生的个人成长和发展。这种教育关注于提高学生在生活中的基本自理能力，如烹饪、清洁、理财和时间管理等，这些技能对于学生日后的独立生活至关重要。通过系统地学习如何准备健康的餐食、维持居住环境的清洁与整洁、合理规划和管理个人财务，以及高效地安排时间，学生可以在日常生活中变得更加独立和自主。

此外，基本生活技能教育还具有培养学生对劳动本身的基本认识的作用。在实践这些生活技能的过程中，学生会直接体验到完成每项劳动所需要的努力和时间，从而增强对劳动价值的理解和尊重。这种体验有助于树立正确的劳动观念，认识到所有形式的劳动都是有尊严的，每一份劳动都对社会的运转和发展起到不可替代的作用。

通过基本生活技能的学习和实践，学生不仅获得了日常生活所需的实用技能，更重要的是，他们在这一过程中学会了如何面对和解决生活中的实际问题，发展了自我管理和自我服务的能力。这些技能和能力的培养对学生未来无论是继续学习、步入职场还是处理人际关系都有着积极的影响，有助于他们成长为更加独立、负责任和有能力的个体。

总之，基本生活技能教育不仅仅是关于技能本身的教学，更是一种通过实践劳动来培养学生独立性、责任感和对劳动尊重态度的教育方式。这种教育方式强调了劳动教育在培养学生全面发展方面的重要作用，是实现学生自我成长和发展的关键一步。

（二）职业技能教育

职业技能教育作为劳动教育的核心部分，专注于为学生提供针对性的专业技能和知识培训，以满足他们未来职业发展的需求。这一教育领域涵盖了从技术技能到商业管理，再到信息技术等广泛的职业领域，旨在装备学生以适应快速变化的职业市场和行业需求。例如，在技术技能培训中，学生可能会学习最新的制造技术、工程设计原理或是维修技术；在商业管理培训中，学习如何有效地组织资源、管理项目和领导团队；而信息技术培训则可能聚焦于软件开发、网络安全或数据分析等领域。

职业技能教育的目标不仅仅是传授具体的技能和知识，更重要的是通过这一过程帮助学生探索和建立自己的职业身份。学生通过对不同职业领域的了解和实践，能够更好地认识自己的兴趣和擅长，为未来的职业选择和发展方向做出更为明智的决策。此外，通过职业技能的学习，学生不仅能够获得就业所需的技术技能，也能培养出在现代职场中极为重要的软技能，如批判性思维、创新能力、团队合作和沟通能力等。

职业技能教育还强调理论与实践的结合，通过实习、工作坊、模拟项目等方式，让学生有机会将所学知识应用于实际工作环境中，从而获得宝贵的实践经验。这种实践经验不仅可以增强学生的职业技能，还能够帮助他们更好地了解行业现状、职业规范和工作流程，为他们未来的职业生涯提供坚实的基础。

总之，职业技能教育在劳动教育中扮演着至关重要的角色，它不仅为学生提供了与未来职业发展紧密相关的专业技能和知识，更通过多样化的教学方法和实践机会，助力学生探索职业兴趣，建立职业身份，并为未来的职业生涯奠定坚实的基础。

（三）劳动法律与权益

教育学生掌握劳动法律与权益是劳动教育的一个关键组成部分，其核心目的在于使学生深刻理解并熟悉劳动法律框架、劳动合同的规范以及劳动者权益的保护机制等重要知识。这不仅涵盖了对劳动合同条款的解读，工作时间、休息与假期的规定，工资保障，以及职业健康与安全标准等基本内容，还包括了解决劳动争议、申诉和维权的途径和方法。

通过对这些关键领域的学习，学生能够建立起强烈的自我保护意识，明白作为未来职场一员，如何在法律框架下保护自己的合法权益，避免被不公平或不合法的职场实践所侵害。这种知识的掌握对于学生来说至关重要，它不仅让他们了解劳动者的权利和义务，还教会他们如何在职业生涯中应对可能遇到的各种挑战和问题，从而确保自己的职业道路更加顺畅和安全。

此外，劳动法律与权益的教育还有助于培养学生的法律意识和社会责任感。了解和尊重劳动法律不仅是保护自己的基础，也是维护公平正义、推动社会进步的重要途径。通过这种教育，学生将学会在尊重自身权益的同时，也关注他人的合法权利，促进职场环境的健康发展。

总之，劳动法律与权益的教育为学生提供了一套全面的知识体系，使他们能够在未来的职场中自我保护，防止权益受到侵害。这不仅是为了个人的职业生涯做准备，更是为了构建一个公平、合法、安全的职业环境，促进社会整体的和谐与进步。

（四）劳动心理教育

劳动心理教育在劳动教育体系中占据着至关重要的地位，其核心目的是通过一系列的教育和训练，帮助学生建立起面对劳动中挑战和困难时所需的心理调适能力和内在韧性。这种教育不仅涉及到如何有效管理工作和生活中的压力，还包括培养积极乐观的心态，以及利用劳动中的挑战作为个人成长和学习的机会。通过这样的心理教育，学生可以学会如何在面对工作压力、人际冲突或职业不确定性时，保持冷静和积极的态度，寻找解决问题的方法，从而在逆境中成长和进步。

具体来说，劳动心理教育包含了一系列的策略和技巧，旨在帮助学生认识和理解自己的情绪和反应，学习有效的压力管理技术，比如时间管理、放松训练、积极思维训练等。此外，教育还强调了建立积极人际关系的重要性，教会学生如何通过良好的沟通和团队合作技能，构建支持性的工作环境和社会环境。

更进一步，劳动心理教育也致力于激发学生的内在动机和自我实现的欲望，引导他们通过劳动体验发现自我价值，实现个人潜能。这种教育理念鼓励学生将劳动视为一种实现个人目标和梦想的手段，而不仅仅是谋生的方式。

通过劳动心理教育，学生能够培养出一种健康和平衡的工作态度，这不仅对他们未来的职业生涯发展至关重要，也是确保他们长期福祉的关键。学会了如何有效地管理压力、保持积极态度，并且能够从挑战中学习和成长的个体，更有可能在职业道路上取得成功，同时享有更加满意和健康的生活。总之，劳动心理教育帮助他们建立起应对劳动挑战所需的心理韧性和调适能力，从而提升他们的整体福祉和生活质量。

综合上述内容，劳动教育不仅致力于技能的培养和知识的传授，更重要的是通过全面的教育内容，为学生的个人成长、职业发展以及未来的社会参与打下坚实的基础。这种全方位的劳动教育有助于塑造具有社会责任感、职业素养和心理韧性的全面发展人才。

三、劳动教育的方法

劳动教育的实施采取了多种教学方法，旨在通过实际操作和参与，让学生能够直观地学习并体验劳动的价值和意义。这些方法包括实践教学法、项目式学习法、合作学习法以及案例分析法等，每种方法都以其独特的方式促进学生的全面发展。

（一）实践教学法

实践教学法在劳动教育中占有核心地位，其基本理念是通过亲身参与和体验来加深学生对劳动技能和劳动素养的理解。这种方法不仅让学生将课堂理论与现实世界的工作紧密联系起来，而且还促进了学生在真实环境中的学习和成长。

通过组织学生参与各种校内外的实践活动，例如社区服务项目、校园义工活动、田野调查等，学生有机会将自己的学习应用于具体的劳动实践中。这些活动范围广泛，可能包括环境清理、帮助老年人、参与社区建设项目或者进行科学研究等。在这个过程中，学生不仅能够加深对专业知识的理解，还能够在实际操作中学习如何有效地与他人合作，如何面对和解决问题，以及如何与社区成员建立有效的沟通和交流。

这些实践活动对于学生理解劳动的深层次意义尤为重要。通过亲身体验劳动过程，学生能够直观地感受到劳动对社会的贡献，以及个人参与社会服务的价值。这种体验有助于培养学生的社会责任感，使他们意识到作为公民参与社会实践的重要性，并激发他们为社会做出积极贡献的愿望。

此外，实践教学法还能够帮助学生建立正向的劳动观念，认识到劳动不仅仅是谋生的手段，更是个人成长、社会进步和文明发展不可或缺的组成部分。通过参与劳动实践，学生能够获得成就感和满足感，增强自信心，同时也能够更好地准备自己未来的职业生涯。

总之，实践教学法通过提供丰富多样的实践机会，不仅使学生能够将理论知识与实际工作相结合，更重要的是，它通过这些活动培养了学生的劳动技能、团队合作能力、问题解决能力以及对社会的责任感和公民意识，为他们的全面发展打下了坚实的基础。

（二）项目式学习法

项目式学习法，作为一种以学生为中心的教学模式，强调通过设计和执行具有实际意义的项目来促进学生的主动学习和综合能力发展。这种教学方法要求学生在老师的指导下，独立或小组合作的形式，从项目的策划、设计到实施过程中全面参与，涵盖了问题的识别、目标的设定、计划的制定、资源的调配以及成果的评估等多个环节。

在项目式学习的过程中，学生将面临各种预期和意外的挑战，需要他们运用所学知识和技能，运用创造性思维和批判性思考方式来寻找解决方案。这种过程中的自主探索和问题解决，不仅极大地激发了学生的学习热情，更有助于培养他们面对复杂问题时的灵活应对能力和决策能力。

此外，项目式学习法还强调团队合作和协作精神。在项目的实施过程中，学生往往需要与队友密切合作，共同规划项目、分工协作、相互支持，通过实践活动中的互动交流和合作解决问题，不仅增强了学生之间的社会互动能力，也促进了团队精神和集体责任感的形成。

更重要的是，项目式学习法通过将学习内容与实际生活和工作场景紧密联系，使学生能够深刻理解劳动的价值和意义，体验劳动带来的成就感和满足感。这样的学习经历有助于学生构建积极的劳动观和职业观，为他们的未来职业生涯和社会参与奠定坚实的基础。

综上所述，项目式学习法通过其独特的教学设计和实施过程，不仅促进了学生知识的综合应用和实践能力的提升，更重要的是培养了学生的创新思维、项目管理能力、团队合作精神以及对劳动的积极态度，这些都是现代社会对全面发展人才的基本要求。

（三）合作学习法

这种学习方式让学生参与到集体劳动项目中，如团队研究项目、群体讨论会议或协同完成任务，为学生提供了一个实践合作精神和社交技能的平台。在这个过程中，学生不仅需要学习如何有效地与他人沟通，还需要学会尊重不同的意见、公平地分担工作责任，并且在遇到挑战时共同寻找解决方案。

通过合作学习，学生能够在实际操作中体验团队合作的力量，理解到每个成员的贡献对于实现团队目标的重要性。这种学习经历促使学生认识到，有效的团队工作不仅需要技能和知识的结合，还需要良好的沟通、相互尊重和共同的目标。在合作学习的过程中，学生将学会如何倾听他人的观点、如何协商解决分歧，以及如何在团队中发挥领导作用或适时地支持他人，从而在实际劳动中体现出团队合作的价值。

此外，合作学习法还有助于培养学生的社交技能，通过团队合作的经历，学生可以提高自己的人际交往能力，学习如何在多元化的团队环境中有效地工作。这些技能对于学生未来无论是在职场上还是在社会生活中都是极其重要的。

总之，合作学习法不仅加强了学生的团队合作意识和集体劳动的参与度，还通过实践活动提升了他们的沟通能力、人际关系处理能力和解决问题的能力。这种方法为学生提供了一个理想的学习环境，不仅能够促进他们在知识和技能上的成长，更重要的是帮助他们在社交技能和团队协作方面取得进步，为他们的全面发展和未来的职业生涯奠定坚实的基础。

（四）案例分析法

案例分析法在劳动教育中扮演着至关重要的角色，它通过引入真实或模拟的劳动案例，提供了一个平台让学生能够直接接触到劳动过程中可能遇到的具体问题及其解决方法。这种教学方法不仅将抽象的理论知识与实际劳动实践相结合，还能够激发学生的学习兴趣，提高他们分析和解决问题的能力。

通过深入分析和讨论具体案例中的问题，学生能够从多个角度理解问题的复杂性，这不仅包括技术层面的挑战，也涵盖了与之相关的社会、经济和文化因素。这种全方位的分析有助于学生培养批判性思维，学会如何在复杂的现实情境中做出合理的判断和决策。

此外，案例分析方法还强调了合作学习和交流的重要性。在案例讨论过程中，学生被鼓励分享自己的观点、分析和解决方案，通过小组讨论或全班交流，学生不仅可以从同伴那里学到不同的分析方法和解决策略，还能够通过相互反馈来提升自己的思考和表达能力。

最重要的是，案例分析使学生能够更好地理解理论知识在实际工作中的应用价值。通过研究和讨论案例中的成功经验和失败教训，学生可以更加深刻地理解劳动过程中的各种原则和方法，以及它们在解决实际问题中的实用性。这为学生未来的职业生涯提供了宝贵的经验和参考，帮助他们为即将到来的职场挑战做好准备。

综上所述，案例分析方法通过引入真实或模拟的劳动场景，不仅加深了学生对劳动教育内容的理解，还培养了他们的批判性思维、决策能力和团队合作精神，为他们将来在职业生涯中遇到的各种挑战提供了实际的应对策略和解决方案。

这些劳动教育的方法相互补充，共同构成了一个多维度、互动性强的教学体系，旨在通过多样化的教学活动和实践机会，全面提升学生的劳动技能和劳动素养，为他们的个人发展和未来职业生涯奠定坚实的基础。

四、劳动教育的实施挑战及解决策略

实施劳动教育的过程中，教育者和学校可能会面临多种挑战，这些挑战可能会影响教育的效果和质量。识别这些挑战并寻找有效的解决策略是提升劳动教育成效的关键。

（一）资源限制

资源限制在劳动教育的实施过程中是一个广泛存在的挑战，它涵盖了资金短缺、设施不足以及人力资源的缺乏等多个方面。资金的限制可能导致学校无法购买必要的教学材料或更新教学设备，影响到劳动教育的质量和效果。设施不足，如缺乏专业的实训室或工作坊，限制了学生进行实践操作的机会，从而阻碍了他们技能的实际应用和发展。此外，合格的教师是劳动教育成功的关键，但人力资源的不足意味着可能缺乏具备相应专业背景和实践经验的教师，这对于提供高质量的劳动教育至关重要。

这些资源的限制不仅会减少教育活动的类型和规模，还可能导致教育的不公平，因为资源丰富的地区或学校能够提供更多元和高质量的劳动教育机会，而资源匮乏的地区则难以做到这一点。因此，资源限制不仅影响到学生的学习体验，还可能加剧教育不平等的问题。

面对资源限制的挑战，学校和教育者需要寻找创新的解决方案和策略。这可能包括寻求外部资金支持、与本地社区和企业合作共享资源、利用开源教育资源以及优化现有资源的使用等。通过这些方法，即使在资源受限的条件下，也能最大化地提供有效的劳动教育，确保学生能够获得必要的技能培训和知识学习，为他们的未来发展打下坚实的基础。

面对劳动教育实施过程中的资源限制问题，寻找多元化的资金来源是关键之一。企业赞助则是一个重要的资金来源，通过企业的社会责任项目或与教育机构的合作项目，可以为劳动教育提供专业的资源和资金支持。此外，社区支持也是一个不可忽视的资源，社区内的各种组织和个人可以通过捐赠、志愿服务或提供实践场所等方式支持劳动教育的实施。

优化现有资源的利用也是应对资源限制的有效策略之一。共享设施，如学校之间或与社区中心的合作，可以最大限度地利用现有的空间和设备，降低成本同时增加教育活动的多样性。采用低成本的教学材料，比如回收材料或自制教具，不仅减少了费用，也增加了学生参与实践活动的机会，有助于培养学生的创新思维和实践能力。

随着信息技术的发展，利用网络和数字资源开展在线学习成为了一种创新的教学方式。在线平台和数字工具可以提供丰富的教育资源，包括虚拟实验室、在线课程、模拟项目等，这不仅扩大了教学内容的范围，还提高了学习的灵活性和可及性。特别是在资源匮乏的地区，利用数字学习资源可以有效地缓解传统教学资源短缺的问题，为学生提供更多样化和高质量的学习机会。

综上所述，通过寻求多元化的资金来源、优化现有资源的利用以及利用网络和数字资源开展在线学习，可以有效地缓解劳动教育实施过程中的资源限制问题，为学生提供更丰富、更高效的学习体验，促进劳动教育的成功实施。

（二）教育内容与实际需求之间的脱节

劳动教育作为培养学生职业技能和劳动素养的重要途径，其内容的设计和实施需要紧密跟随市场需求、行业发展趋势，以及学生的职业兴趣。

此外，随着科技的快速发展和经济的全球化，劳动市场的需求在不断变化，新的职业岗位和技能要求不断涌现。如果劳动教育内容不能及时更新，学生将面临更大的挑战，因为他们在进入职场时可能会发现自己的技能与雇主的需求不匹配。

同时，学生的职业兴趣也是劳动教育内容设计需要考虑的重要因素。学生对某些职业领域可能有着浓厚的兴趣和天赋，如果教育内容不能满足他们的兴趣，不仅会影响他们的学习积极性，还可能导致他们错失发展个人潜能的机会。

面对这些挑战，劳动教育的内容设计和更新需要更加灵活和及时。学校可以通过定期的市场调研和行业分析，了解最新的劳动市场需求和行业发展趋势，据此调整和更新教育内容。同时，通过学生兴趣调查和职业规划指导，可以更好地了解学生的需求和期望，将这些信息纳入课程设计中，以提高教育的相关性。此外，与行业企业和专业人士的紧密合作，不仅可以为学生提供最前沿的行业知识和技能训练，还可以为他们提供实习和就业的机会，从而增强劳动教育的实用性和效果。

为了应对劳动教育内容与市场需求、行业发展趋势及学生职业兴趣之间的不匹配问题，采取有效的解决策略至关重要。首先，加强与行业界的合作是解决这一问题的关键步骤。通过建立稳固的合作关系，教育机构可以直接从行业专家和企业那里获取最新的行业信息和技能需求，确保教育内容的实时更新和实用性。例如，邀请行业专家参与课程设计、开设客座讲座、提供实习机会等，都是促进教育与行业需求紧密对接的有效方式。

其次，定期评估和更新教育内容对于保持课程的现代性和相关性至关重要。这要求教育机构建立一套系统的课程评估机制，定期收集和分析行业趋势、技术进步以及劳动市场的变化情况，及时调整和优化教学计划和内容。这样不仅能够确保学生学到的是最新的知识和技能，还能提高教育的针对性和效率。

同时，增加学生在课程设计中的参与度也是一个重要的解决策略。通过调查学生的兴趣、职业规划以及对课程的反馈，学校可以更好地理解学生的需求和期望，从而设计出更符合学生兴趣和市场需求的教育内容。学生参与课程设计不仅可以提高他们的学习动力和满意度，还能促使教育内容更加多样化和个性化，满足不同学生的学习需求。

综上所述，通过加强与行业界的合作、定期评估和更新教育内容，以及增加学生参与课程设计的机会，可以有效地解决劳动教育内容与市场需求、行业发展趋势及学生职业兴趣之间的不匹配问题，从而提升劳动教育的质量和实用性，为学生的职业生涯发展奠定坚实的基础。

（三）师资和教学方法的不足

实现高质量的劳动教育是一个复杂的过程，它不仅需要教师拥有丰富的经验，还需要采用有效的教学方法来满足教育的具体要求。教师作为教育过程的关键角色，他们的专业知识、实践经验以及教学技巧对于学生的学习成果有着直接的影响。理想情况下，教师不仅需要对他们所教授的领域有深入的理解，还需要有实际的行业经验，这样才能够为学生提供真实的工作场景，让他们更好地理解和掌握必要的技能与知识。

然而，在现实中，许多教师可能缺乏与他们教授领域相关的实践经验。这种缺乏可能会限制他们在教学过程中使用实例来丰富课程内容，影响学生对于所学知识的理解和应用能力。此外，教师可能过于依赖传统的教学方法，如讲授法和书面作业，这些方法在传递理论知识方面或许有效，但在培养学生的实践技能和解决实际问题的能力方面可能不够有效。劳动教育的特殊性在于它强调技能的实践操作和理论知识的实际应用，因此需要更加灵活和创新的教学方法来满足这些需求。

针对劳动教育实施过程中教师可能面临的专业经验不足和教学方法不适应的挑战，以下提出几个具体的解决策略：

（1）加强教师的专业培训。组织定期和针对性的教师培训，专注于提升劳动教育的实践技能和创新教学方法。这些培训应覆盖最新的行业趋势、技术更新以及教育技术的应用，确保教师能够将先进的理念和技术融入到教学过程中。通过模拟教学、工作坊和研讨会等形式，教师能够在实际操作中学习和提升，使他们更加自信地进行劳动教育教学。

（2）鼓励教师参与行业实践。与行业企业和组织建立合作关系，为教师提供参与实际工作的机会。这可以是短期的实习、访问学者项目或是与企业共同进行的研究项目。通过这些实践经验，教师不仅能够获得最新的行业知识，还能将这些知识和经验带回课堂，使学生受益。

（3）探索和采用互动性和体验性强的教学方法。传统的讲授法可能不足以满足劳动教育的需求。因此，采用项目式学习、合作学习、模拟游戏、角色扮演等教学方法可以极大提高学生的学习兴趣和参与度。这些方法使学生能够在实际的、模拟的或游戏化的环境中学习和应用知识，从而更好地理解和掌握劳动技能。

（4）利用现代技术促进学习：数字技术和网络资源为劳动教育提供了新的可能性。利用在线课程、虚拟现实（VR）技术和增强现实（AR）技术等可以创建更加丰富和互动的学习体验，帮助学生以更加直观和实际的方式理解复杂的概念和技能。

通过这些策略的实施，不仅可以有效解决教师在劳动教育过程中可能遇到的挑战，还能够进一步促进学生的全面发展和职业技能的提升。实施劳动教育的过程中确实存在多种挑战，但通过积极探索和实施有效的解决策略，可以有效地提升劳动教育的质量和成效，为学生的全面发展和未来职业生涯奠定坚实的基础。

第二节　高职劳动教育的特点与目标

劳动教育作为高职教育的重要组成部分，其重要性不容忽视。通过劳动教育，学生不仅能够学习到专业知识和技能，更重要的是能够培养良好的职业态度、职业道德和社会责任感，这些都是现代社会所需的重要职业素质。劳动教育还强调理论与实践的结合，通过实际工作经验的积累，学生可以更好地理解和掌握专业知识，提高解决实际问题的能力，从而为其未来的职业生涯奠定坚实的基础。

在高职教育中，劳动教育不仅是技能训练的过程，更是学生形成正确劳动观念、职业观念和价值观的过程。它有助于学生认识到劳动不仅是个人谋生的手段，更是实现个人价值、促进社会进步的重要途径。因此，高职教育中的劳动教育对于培养适应社会需求的高素质技术技能人才，推动社会经济发展具有深远的意义。

一、高职劳动教育的特点

高职劳动教育区别于传统学术教育，具有以下几个鲜明的特点，这些特点共同构成了高职劳动教育独特的教育模式，有效地满足了现代社会对专业技术人才的需求。

（一）实践导向性

高职劳动教育的实践导向性是其区别于传统学术教育的最显著特征。这种导向性不仅仅体现在教学内容的选择上，更重要的是体现在教育的整个过程和方法上。在高职教育中，大量的实践活动，包括但不限于实验、实习、项目操作、工作模拟以及现场学习等，被纳入课程体系之中。这样的设计使得学生能够在真实或模拟的工作环境中应用所学的理论知识，通过实际操作来加深对专业知识的理解和掌握。

这种教育模式的核心目的是培养学生具备强大的实践技能，包括专业操作技能、问题解决能力、团队协作能力等，这些都是现代职场所迫切需要的能力。通过参与实践活动，学生不仅能够学习到具体的职业技能，还能够在实际操作中培养出解决复杂问题的能力，这对于他们未来的职业生涯发展具有重要意义。

此外，实践导向性也意味着高职教育能够更灵活地适应行业变化和技术进步。随着行业需求的不断变化，实践活动可以及时更新和调整，确保教育内容始终贴合市场的最新需求。这样的教育模式使学生在学习期间就能够接触到最新的技术和工作方法，为他们毕业后迅速适应工作环境、满足职场的实际需求提供了坚实的基础。

综上所述，高职劳动教育的实践导向性为学生提供了一个将理论知识和实际操作相结合的学习平台，不仅加深了学生对专业知识的理解，更重要的是培养了他们的实践技能和职业能力，为他们未来的职业生涯奠定了坚实的基础。

（二）行业针对性

高职劳动教育独特的行业针对性是其教学体系设计的核心之一，它确保了教育内容和方法直接对接特定行业的实际需求。这种特点体现在教育计划的每一个方面，从课程设置到教学活动的安排，都以行业需求为导向，旨在培养学生具备即刻投入行业工作所需的专业技能和知识。

在高职劳动教育中，教学内容不仅包括基础和高级的专业技能培训，还广泛涉及对应行业的背景知识、最新发展趋势、未来展望以及职业道德和法律法规的教育。这样全面而深入的教学内容配置，使学生能够从宏观和微观两个层面全面理解自己所学专业的内涵和外延，不仅掌握专业技能，也能够理解这些技能在行业中的应用场景和价值。

此外，高职教育中的教学方法也紧密结合行业特点和工作实际，采用了大量的实践教学、项目式学习、情景模拟等互动和体验性教学方法。这些方法能够使学生在学习过程中“做中学”，在模拟的或实际的工作环境中应用所学知识，提前适应未来的职场环境。

通过行业针对性的教学设计，高职劳动教育能够确保教育内容的实用性和前瞻性，让学生不仅学到当前行业内最为紧缺和重要的技能，还能预见到行业未来的发展方向，从而更好地为未来的职业生涯做好准备。这种紧密结合行业需求的教育模式，不仅提高了学生的就业率，也为行业输送了大量具备现代视野和高职业素养的专业技术人才。

（三）技能多样性

在高职劳动教育中，学生将接受多样化技能的培养，这不仅包括专业技能的学习，还有通用技能如团队协作、沟通能力、问题解决能力的培养，以及创新创业能力的激发。这种全方位的技能培养模式旨在培育学生成为复合型人才，能够在职业生涯中持续学习、适应变化、创新发展。

首先，专业技能的学习是高职教育的基础。学生将深入学习自己所学专业的理论知识、实践技能和最新发展动态。通过专业课程、实验实训、实习实训等环节，学生将掌握专业工具和技术，培养专业思维和方法，提高解决专业问题的能力。这种专业培养将为学生的职业发展打下坚实的基础。

其次，通用技能的培养是高职劳动教育的重要组成部分。团队协作能力、沟通能力和问题解决能力等通用技能在职场中至关重要。通过小组讨论、团队合作项目、演讲与表达训练等活动，学生将学会与他人合作、有效沟通和解决实际工作中的问题。这些通用技能的培养将使学生在职场中更具竞争力和适应性。

此外，创新创业能力的激发是高职劳动教育的重点之一。在快速变化的社会环境中，创新创业能力成为企业和个人发展的关键。通过创业课程、创新实践项目、创业比赛等活动，学生将培养创新思维、创业意识和风险意识。他们学会从不同角度思考问题，提出创新的解决方案，并勇于尝试和实践。这种创新创业能力的培养将为学生的职业发展提供更广阔的空间和机会。

综上所述，高职劳动教育中的全方位技能培养模式旨在培育学生成为复合型人才。通过专业技能的学习、通用技能的培养和创新创业能力的激发，学生将具备持续学习、适应变化、创新发展的能力。这种培养模式将使学生在职业生涯中能够不断适应和应对挑战，实现个人和社会的共同发展。

（四）灵活性和开放性

高职劳动教育注重课程设置和教学方法的灵活性和开放性，以适应不断变化的行业发展和技术进步。这意味着教育内容会根据行业的最新发展进行调整更新，教学方法也会根据学生的需求和特点采用更为灵活多样的形式，如在线学习、翻转课堂等，以提高教育的效率和质量。

首先，课程设置的灵活性和开放性是高职劳动教育适应行业发展的重要保障。随着行业的快速变化和技术进步，新的职业领域和工作岗位不断涌现，对劳动者的技能和知识要求也在不断变化。高职劳动教育需要紧密关注行业动态，及时更新教育内容，将最新的技术、工具和方法纳入课程中。通过与行业专家和企业合作，学校可以确保教育内容的前沿性和实用性，使学生掌握最新的专业知识和技能。

其次，教学方法的灵活性和开放性是提高教育效率和质量的关键。传统的课堂教学模式往往难以满足学生的个性化需求和灵活的学习方式。因此，高职劳动教育采用多样化的教学方法，如在线学习、翻转课堂、案例教学等。在线学习平台可以提供灵活的学习时间和地点，使学生能够根据自己的节奏进行学习。翻转课堂鼓励学生在课外自主学习理论知识，课堂时间用于讨论、实践和解决问题。案例教学通过实际案例的分析和讨论，培养学生的批判性思维和问题解决能力。这些灵活多样的教学方法能够激发学生的学习兴趣，提高他们的参与度和学习效果。

综上所述，高职劳动教育注重课程设置和教学方法的灵活性和开放性，以适应不断变化的行业发展和技术进步。通过及时更新教育内容和采用多样化的教学方法，高职教育能够提供更适应学生需求和社会发展的劳动教育，培养具备最新专业知识和技能的高素质技术技能人才。这种灵活性和开放性的教育模式将为学生提供更广阔的发展机会，为我国社会经济发展贡献力量。

二、高职劳动教育的目标

在当今社会，劳动教育不仅是传授知识和技能的过程，更是培养学生全面发展的重要途径。高职教育作为职业教育的重要组成部分，其劳动教育目标着眼于学生的实际能力培养，旨在为社会培养具备高素质、高技能的专业人才。具体而言，高职劳动教育的目标包括以下几个方面。

（一）培养专业技能

高等职业教育（高职教育）是我国教育体系的重要组成部分，它以培养高素质技术技能型人才为目标，以满足社会和经济发展需求为已任。高职教育的一个显著特点就是强调理论与实践的紧密结合。通过实验、实训、实习等多种教学方式，高职教育旨在让学生在实际操作中掌握专业领域的核心技能和知识，为学生未来的职业生涯打下坚实的基础。

首先，高职教育注重实验教学的开展。实验是检验理论知识正确的重要手段，也是培养学生动手能力的关键环节。在高职教育中，学校会根据专业特点设置相应的实验课程，让学生在教师的指导下，亲自动手进行实验操作。通过实验，学生不仅能够加深对理论知识的理解，还能够学会如何运用理论知识解决实际问题。此外，实验还能够培养学生的观察能力、创新能力以及团队合作精神，为他们今后走上工作岗位奠定基础。

其次，高职教育强调实训教学的重要性。实训教学是一种模拟实际工作环境的教学方式，它将课堂上的理论知识与实际工作场景相结合，让学生在模拟的工作环境中进行技能训练。通过实训，学生能够更好地了解所学专业的实际应用，提高自己的专业技能水平。同时，实训还能够帮助学生提前适应工作环境，提高他们的就业竞争力。

最后，高职教育重视实习教学的实施。实习是高职教育中最为关键的一个环节，它是学生将所学知识运用到实际工作中的重要途径。通过实习，学生可以在真实的工作环境中锻炼自己的能力，检验自己的学习成果。此外，实习还能够帮助学生建立起良好的人际关系，拓展自己的人脉资源。

这种培养模式不仅让学生了解理论知识，更重要的是能够将理论知识应用于实践中，从而提高其解决实际问题的能力。与此同时，高职教育还注重培养学生的创新意识、团队合作精神和社会责任感，使他们成为适应社会发展需要的高素质技术技能型人才。

通过实验、实训、实习等多种教学方式，高职教育实现了理论与实践的紧密结合，为学生提供了丰富的实践机会，提高了他们的实际操作能力。我国高职教育将继续深化改革，推动内涵发展，为培养更多优秀的技术技能型人才做出更大贡献。

（二）提高职业素养

职业素养是一个职业人在职业生涯中必须具备的基本素质，它是衡量一个职业人是否合格的重要标准。职业素养包括职业道德、团队协作能力、职业规划能力等方面，这些素质对于职业人的职业发展具有重要影响。高职劳动教育作为一种以培养高素质技术技能型人才为目标的教育形式，通过模拟企业环境的教学方式，培养学生的职业责任感和团队精神，同时也引导学生进行合理的职业规划，为其未来的职业生涯打下坚实的基础。

首先，高职劳动教育注重培养学生的职业道德。职业道德是指在职业活动中遵循的一种道德规范，它是职业素养的重要组成部分。高职劳动教育通过模拟企业环境的教学方式，让学生在实际操作中了解和体验职业道德的重要性，培养他们遵循职业道德规范的意识和能力。例如，学校可以组织学生参加企业实习、实训等活动，让他们亲身参与企业的日常运营，了解企业的规章制度和职业道德要求。通过这些实践活动，学生可以更好地理解职业道德的含义，培养自己的职业道德素养。

其次，高职劳动教育注重培养学生的团队协作能力。在现代社会中，团队合作已经成为职业人必备的一项能力。高职劳动教育通过模拟企业环境的教学方式，让学生在实际操作中培养团队协作能力。例如，学校可以组织学生参加团队项目、团队比赛等活动，让他们在团队中发挥自己的专长，学会与他人合作、协调和沟通。

最后，高职劳动教育还注重引导学生进行合理的职业规划。高职劳动教育通过模拟企业环境的教学方式，让学生了解不同职业的特点和要求，帮助他们找到自己的职业定位和发展方向。例如，学校可以组织学生参加职业体验、职业规划讲座等活动，让他们了解不同职业的发展前景和就业形势，帮助他们树立正确的职业观念和就业观念。通过这些活动，学生可以更好地了解自己的兴趣和能力，制定适合自己的职业规划，为未来的职业生涯打下坚实的基础。

（三）增强创新能力

创新是推动社会进步的关键力量，是引领时代发展的不竭动力。在当今快速变化的世界中，创新能力已成为衡量一个国家、一个民族乃至一个个体综合实力的重要标志。高职劳动教育作为培养高素质技术技能型人才的重要途径，不仅注重学生专业技能的培养，更鼓励学生跳出传统思维模式，培养其创新思维和创造性解决问题的能力。通过项目式学习、科技竞赛等形式，激发学生的探索兴趣和创新热情，从而在实践中不断提升自我，为未来的职业生涯和社会发展贡献力量。

首先，高职劳动教育通过项目式学习的方式，培养学生的创新思维和解决问题的能力。项目式学习是一种以学生为中心的教学方法，它要求学生在教师的引导下，围绕一个实际问题进行深入探究，通过团队合作、自主研究等方式，寻找问题的解决方案。在这个过程中，学生需要运用所学的知识和技能，发挥自己的想象力和创造力，提出创新的点子和方法。这种学习方式不仅能够激发学生的求知欲和好奇心，还能够培养他们的创新思维和解决问题的能力。

其次，高职劳动教育通过组织科技竞赛等活动，激发学生的探索兴趣和创新热情。科技竞赛是一种以科技创新为主题的比赛活动，它要求学生根据竞赛的主题和要求，设计和制作出具有创新性的科技作品。在参与科技竞赛的过程中，学生需要充分发挥自己的专业知识和技能，运用创新思维和创造力，解决实际问题。这种竞赛活动不仅能够培养学生的科技创新能力，还能够激发他们的探索兴趣和创新热情，使他们更加热爱科技、追求创新。

此外，高职劳动教育还通过开展实践活动，提升学生的创新能力和实践能力。实践活动是一种将理论知识与实际操作相结合的学习方式，它要求学生在实际操作中运用所学的知识和技能，解决实际问题。在实践活动中，学生需要发挥自己的创新思维和创造力，寻找问题的解决方案。这种学习方式不仅能够提升学生的实践能力，还能够培养他们的创新能力和创新精神。

为了更好地培养学生的创新能力，高职劳动教育还应当加强与企业和科研机构的合作。通过与企业合作，学生可以更好地了解行业的发展动态和市场需求，为自己的创新项目提供更多的灵感和动力。通过与科研机构合作，学生可以接触到更多的科研资源和先进技术，提高自己的科研水平和创新能力。

总之，高职劳动教育通过项目式学习、科技竞赛等形式，激发学生的探索兴趣和创新热情，培养其创新思维和创造性解决问题的能力。这种教育方式不仅能够提升学生的专业水平和实践能力，还能够培养他们的创新能力和创新精神。

（四）促进就业能力

在职业教育中，就业是教育成果的直接体现，是衡量教育质量的重要标准。高职劳动教育作为培养高素质技术技能型人才的重要途径，始终将学生的就业问题放在首位，通过与企业的深度合作，了解企业最新的技术需求和职位要求，定制化培养计划，从而提高学生的就业竞争力。同时，学校也会提供职业指导和就业服务，帮助学生顺利过渡到职场，实现职业生涯的顺利发展。

首先，高职劳动教育通过与企业的深度合作，了解企业最新的技术需求和职位要求。学校会定期组织教师和学生参观企业，与企业进行交流，了解企业的生产流程、技术设备和人才需求。此外，学校还会邀请企业专家到校进行讲座和培训，让学生了解最新的行业动态和技术发展趋势。通过这些合作活动，学校能够及时了解企业的需求变化，为学生提供有针对性的教育内容和实践机会。

其次，高职劳动教育会根据企业的需求，定制培养计划。学校会与企业共同制定人才培养方案，将企业的技术需求和职位要求融入到课程设置和教学内容中。学校还会与企业合作开展订单式培养，根据企业的具体需求，为企业量身定制培养方案，培养企业需要的人才。通过定制化培养计划，学校能够更好地满足企业的需求，提高学生的就业竞争力。

最后，高职劳动教育还注重学生的实践能力的培养。学校会与企业合作开展实习实训活动，让学生在企业中进行实际操作和实践锻炼。通过实习实训，学生能够将所学的理论知识与实际工作相结合，提高自己的实践能力和职业技能。同时，实习实训还能够帮助学生了解企业的运营模式和文化氛围，为将来的就业和职业发展打下坚实的基础。

总之，高职劳动教育通过与企业的深度合作，了解企业最新的技术需求和职位要求，定制化培养计划，提高学生的就业竞争力。同时，学校也会提供职业指导和就业服务，帮助学生顺利过渡到职场。

三、高职劳动教育目标实现的通常策略

为了有效实现高职劳动教育的目标，高职院校采取切实可行的实施策略至关重要。通常来说，高职院校会采取以下几个方式：

（一）加强企业合作

构建稳定而广泛的校企合作关系是高职劳动教育成功的关键。这种合作关系能够为学校和学生带来多方面的益处，包括提供丰富的实习和实训机会，使学生能够直接接触到行业前沿技术和工作流程。这种直接参与企业实际工作的机会不仅能让学生将课堂所学知识应用于实践，还能增强学生的职业技能和就业竞争力。因此，建立良好的校企合作关系对于高职劳动教育的发展至关重要。

首先，建立校企合作关系可以为学生提供丰富的实习和实训机会。通过与企业合作，学校可以组织学生到企业进行实习和实训，让学生亲身参与企业的日常运营和生产过程。这种实践机会可以让学生将所学的理论知识与实际工作相结合，提高学生的实践能力和职业技能。通过与企业的实际工作接触，学生可以更好地了解行业的需求和趋势，为自己的职业发展做好充分准备。

其次，建立校企合作关系可以让学生直接接触到行业前沿技术和工作流程。企业是技术创新的重要场所，通过与企业的合作，学生可以了解到最新的技术发展和应用。这种接触不仅能够拓宽学生的知识视野，还能够激发学生的创新思维和创造力。同时，学生还可以学习到企业的先进管理经验和团队合作模式，提高自己的职业素养和综合能力。

最后，建立校企合作关系还可以增强学生的职业技能和就业竞争力。通过参与企

业的实际工作，学生可以积累宝贵的工作经验和职业技能，提高自己的就业竞争力。企业在招聘时会更加倾向于选择有一定工作经验和实践能力的毕业生，因此，参与校企合作的学生更容易获得企业的青睐和录用。同时，学生在企业实习和实训期间还可以建立人脉关系，为将来的职业发展打下良好的基础。

为了建立稳定而广泛的校企合作关系，学校需要积极主动地与企业建立联系。学校可以通过与企业进行交流合作、邀请企业专家来校讲座等方式，了解企业的需求和期望。同时，学校还可以通过与企业共同制定人才培养方案、开展订单式培养等方式，为企业量身定制培养方案，培养企业需要的人才。通过这些合作活动，学校能够更好地满足企业的需求，提高学生的就业竞争力。

此外，学校还可以与企业共同开展科研项目和技术创新，促进校企双方的互利共赢。学校可以利用自身的科研资源和技术优势，与企业共同开展科研项目，解决企业面临的技术难题。同时，学校还可以与企业共同开展技术创新和产品研发，推动企业的技术进步和产业发展。通过这些合作项目，学校能够为学生提供更多的实践机会和就业岗位，同时也为企业提供技术和人才支持。

总之，构建稳定而广泛的校企合作关系是高职劳动教育成功的关键。通过建立合作模式，学校可以为学生提供丰富的实习和实训机会，使学生能够直接接触到行业前沿技术和工作流程。这种直接参与企业实际工作的机会不仅能让学生将课堂所学知识应用于实践，还能增强学生的职业技能和就业竞争力。

（二）更新教育内容和方法

随着科技进步和行业需求的变化，教育领域面临着前所未有的挑战和机遇。为了适应这种变化，更新教育内容和教学方法成为必须持续进行的任务。这不仅包括引入最新的行业知识、技术和技能到课程中，还包括采用更加先进和高效的教学手段，如翻转课堂、项目式学习等，以激发学生的学习兴趣和创新思维。

首先，随着科技的飞速发展，行业知识、技术和技能不断更新换代。为了使学生能够跟上时代的步伐，学校需要不断更新教育内容，将最新的行业知识、技术和技能融入到课程中。例如，在计算机科学领域，随着人工智能、大数据、云计算等技术的发展，学校需要及时更新相关课程内容，让学生掌握最新的技术和工具。通过引入最新的行业知识、技术和技能，学校能够为学生提供与时代接轨的教育，提高他们的就业竞争力和职业发展潜力。

其次，教学方法的更新也是高职教育发展的重要方面。传统的教学模式往往以教师为中心，注重知识的传授和学生的被动接受。然而，这种模式已经无法满足现代教育的需求。为了激发学生的学习兴趣和创新思维，学校需要采用更加先进和高效的教学手段。例如，翻转课堂是一种新型教学模式，学生通过观看视频、阅读资料等自主学习方式，提前掌握课程内容，课堂上则进行讨论、实践和问题解决等活动。这种教学模式能够激发学生的学习主动性，培养他们的自主学习能力和创新思维。项目式学习则是另一种有效的教学方法，学生通过参与实际项目，进行团队合作、问题解决和创造性的思考。这种学习方式能够让学生将理论知识与实际应用相结合，提高他们的实践能力和创新思维。

（三）加强师资队伍建设

优秀的教师是高质量教育的基石。他们是引导学生探索知识海洋的舵手，是激发学生潜能的点火者，是塑造学生品格的雕塑家。提升教师的专业水平和实践经验，尤其是在快速发展的专业领域，对于提高教育质量至关重要。这可以通过定期组织教师参与行业培训、学术交流和企业实践等方式来实现，旨在不断提升教师的专业能力和教学方法。

首先，行业培训是提升教师专业水平的重要途径。随着科技的飞速发展和行业的不断变革，教师需要不断更新自己的知识和技能，以适应新的教育需求。学校可以定期组织教师参加行业培训课程，邀请行业专家和资深从业者来校进行讲座和研讨，分享最新的行业动态和技术进展。通过参与行业培训，教师可以了解到最新的行业知识和技能，提高自己的专业水平，为学生提供与时代接轨的教育。

其次，学术交流是提升教师专业能力的另一重要方式。教师可以通过参加学术会议、研讨会和研究课题，与其他教育工作者和学者进行交流和合作，分享教学经验和研究成果。学术交流不仅可以拓宽教师的知识视野，还可以激发教师的创新思维和学术研究兴趣。通过与其他教育者的交流和合作，教师可以学习到新的教学方法和教育理念，提升自己的教学能力和教育质量。

此外，企业实践是提升教师实践经验的重要途径。学校可以与相关企业建立合作关系，组织教师到企业进行实习和实践，亲身体验企业的工作环境和运营模式。通过企业实践，教师可以了解到企业的实际需求和行业发展趋势，增强自己的实践经验和职业技能。同时，教师还可以将企业实践中的案例和经验融入到教学中，为学生提供更加贴近实际的教学内容和方法。

除了以上途径，学校还可以鼓励教师参与教育改革和创新项目。教师可以通过参与课程开发、教学方法和教育技术的创新项目，提升自己的专业能力和教学水平。学校可以提供必要的支持和资源，鼓励教师进行教育创新实践，不断探索新的教育方法和教学模式。通过参与教育改革和创新项目，教师可以不断提升自己的教育理念和实践能力，为提高教育质量做出贡献。

为了更好地提升教师的专业水平和实践经验，学校还需要建立健全的教师评价和发展体系。学校可以制定科学合理的教师评价标准，不仅关注教师的教学成绩，还要关注教师的专业发展、教学能力和教育创新。

（四）强化学生实践能力

职业教育旨在培养具有实际操作能力和职业技能的人才，使学生能够在毕业后迅速适应工作岗位，解决实际问题。为了实现这一目标，职业教育机构通过增设实验、实训、实习等实践教学环节，让学生获得更多亲手操作的机会，从而在真实或模拟的工作环境中磨炼技能，增强解决实际问题的能力。

首先，实验课程的设置是培养学生实践能力的重要环节。通过实验，学生可以将所学的理论知识与实际操作相结合，加深对专业知识的理解和应用。实验课程可以让学生亲自动手进行实验操作，观察实验现象，分析实验结果，从而培养他们的观察力、思考力和动手能力。例如，在理工科专业中，学生可以通过实验课程学习到仪器的使用方法、实验数据的处理技巧以及实验现象的观察能力和分析能力。这些实践能力的培养对于学生今后的职业发展具有重要意义。

其次，实训教学是职业教育中不可或缺的一环。实训教学通过模拟实际工作环境，让学生在模拟的工作场景中进行实际操作和实践锻炼。在实训过程中，学生可以接触到真实的工作设备和工具，学习到实际工作中所需的专业技能和操作流程。实训教学可以让学生更好地了解行业的要求和标准，培养他们的职业技能和职业素养。例如，在酒店管理专业中，学生可以通过实训课程学习到酒店前台的接待技巧、客房服务的操作流程以及餐厅管理的实践经验。这些实训经验对于学生今后的就业和职业发展具有重要作用。

此外，实习是职业教育中最重要的实践教学环节之一。实习让学生有机会进入企业或机构进行实际工作，亲身参与日常运营和工作流程。通过实习，学生可以将所学的理论知识与实际工作相结合，锻炼自己的工作能力和职业素养。实习还可以让学生了解企业的运营模式和文化氛围，建立与行业的联系，为将来的就业和职业发展打下坚实的基础。例如，在市场营销专业中，学生可以通过实习机会参与到企业的市场营销活动中，了解市场营销的实际操作和策略制定，培养自己的市场营销能力和实践经验。

总之，理论知识的学习虽然重要，但在职业教育中，更加强调学生实践能力的培养。通过增设实验、实训、实习等实践教学环节，学生可以获得更多亲手操作的机会，从而在真实或模拟的工作环境中磨炼技能，增强解决实际问题的能力。同时，学校还需要加强与企业的合作，共同开展实践教学活动，使教学内容更加贴近实际工作需求。通过这些努力，职业教育可以更好地培养出具有实际操作能力和职业技能的高素质技术技能型人才，为社会的经济发展做出贡献。

第三节　高职劳动教育的现状与挑战

一、高职院校劳动教育和职业素养培养的现状

（一）课程设置与教学内容

目前，高职院校的劳动教育课程设置相对完善，这些课程内容丰富，涵盖了理论知识和实践技能两方面。根据相关数据统计，高职院校的劳动教育课程内容主要包括以下几个方面。

（1）职业安全与健康。这是劳动教育课程中非常重要的一部分。根据相关调查数据显示，我国高职院校中约有90%以上的专业都开设了职业安全与健康课程。课程内容涵盖了工作场所的安全知识、职业病预防、个人防护装备的使用等方面。通过学习这些内容，学生可以了解到工作中可能遇到的安全风险和健康问题，掌握相应的防范

措施和应急处理方法，提高自身的安全意识和自我保护能力。

（2）职业技能培训。职业技能培训是劳动教育课程中的重要组成部分。根据教育部发布的数据，我国高职院校中约有85%的专业都开设了职业技能培训课程。课程内容涵盖了如机械操作、电子技术、计算机应用、市场营销等方面。通过职业技能培训课程，学生可以掌握相关职业技能的基本知识和操作技巧，提高自身的实践能力和就业竞争力。

（3）职业道德与职业操守。职业道德与职业操守是劳动教育课程中的重要内容之一。根据相关调查数据显示，我国高职院校中约有80%以上的专业都开设了职业道德与职业操守课程。课程内容涵盖了职业道德的基本原则和规范，如诚信、尊重、责任、公正等方面。通过学习职业道德与职业操守课程，学生可以树立正确的职业道德观念，养成良好的职业行为习惯，提高自身的职业素养和道德水平。

除了以上几个方面的内容，高职院校的劳动教育课程还可能包括其他相关的内容，如团队合作与沟通、创新思维与问题解决、职业规划与就业指导等。这些课程内容旨在培养学生的团队合作能力、创新思维能力、职业规划能力和就业竞争力，为学生的职业发展提供全面的支持和指导。

通过这些课程的学习，学生可以掌握相关职业技能和安全知识，树立正确的职业道德观念，提高自身的职业素养和就业竞争力。这些课程内容对于学生的职业发展和就业前景具有重要意义，为学生顺利进入职场并取得成功打下了坚实的基础。

（二）教学资源与设施情况

在高职院校的劳动教育方面，大多数院校都拥有较为完善的教学资源和设施，这些资源为学生提供了良好的学习条件和实践平台。根据教育部发布的《全国高职高专院校实习实训基地建设情况调查报告》，超过95%的高职院校都配备了专门的实验室、工作坊和模拟场景等教学设施，以满足劳动教育的需求。

实验室是高职院校中常见的教学设施之一。根据调查数据显示，我国高职院校中约有85%的专业都设有专门的实验室，用于开展实验课程和实践活动。这些实验室通常配备了先进的实验设备和仪器，可以提供各种实验环境和条件，让学生进行实际操作和实验研究。例如，在工程技术类专业中，学生可以在实验室中进行电路设计、机械加工、材料测试等实验，加深对专业知识的理解和应用。

工作坊是另一种重要的教学设施。根据相关调查数据显示，我国高职院校中约有75%的专业都设有专门的工作坊，用于开展实践操作和技能培训。这些工作坊通常配备了各种工具和设备，可以提供实际工作中的操作环境和条件，让学生进行实际操作和实践锻炼。例如，在艺术设计类专业中，学生可以在工作坊中进行绘画、雕塑、设计等创作活动，提高自己的艺术技能和创造力。

模拟场景是高职院校中用于模拟实际工作环境的特殊教学设施。根据调查数据显示，我国高职院校中约有60%的专业都设有专门的模拟场景，用于开展模拟演练和实践活动。这些模拟场景可以模拟各种工作场景和职业环境，让学生在模拟环境中进行实际操作和实践体验。例如，在医护类专业中，学生可以在模拟医院中进行模拟医疗操作和急救演练，提高自己的医护技能和应对能力。

除了以上提到的教学设施，高职院校还积极建设实习实训基地，为学生提供更多的实践机会和平台。根据教育部发布的《全国高职高专院校实习实训基地建设情况调查报告》，我国高职院校中约有90%的专业都与企业合作，建立了校外实习实训基地。这些基地可以提供真实的工作环境和条件，让学生在实习中锻炼自己的实践能力和职业技能。

（三）学生参与度与反馈

学生对劳动教育课程的参与度普遍较高，这得益于高职院校在课程设计和教学方法上的不断创新和改进。根据教育部发布的《全国高职院校学生学习状况调查报告》，超过90%的高职学生表示对劳动教育课程感兴趣并积极参与。他们通过实践操作和案例分析等方式积极参与教学活动，不仅提高了自己的实践能力，还培养了创新思维和解决问题的能力。

为了提高学生的参与度，高职院校采取了多种教学方法。首先，实践操作是劳动教育课程的核心。根据调查数据显示，超过80%的高职院校在劳动教育课程中设置了实践操作环节。这些环节让学生亲自动手，将理论知识应用到实际操作中，提高了学生的实践能力和职业技能。

其次，案例分析是劳动教育课程中常见的一种教学方法。根据调查数据显示，超过70%的高职院校在劳动教育课程中采用了案例分析教学。通过分析实际案例，学生可以了解行业的发展趋势和实际问题，培养自己的分析和解决问题的能力。案例分析教学还可以激发学生的学习兴趣，使他们更加主动地参与到教学活动中。

此外，学生对劳动教育课程的参与度还受到教师教学风格和教学手段的影响。根据调查数据显示，超过90%的高职学生表示喜欢采用互动式和启发式的教学方法。这些教学方法可以激发学生思考，培养他们的创新思维和解决问题的能力。同时，教师还应注重与学生的沟通和互动，鼓励学生提出问题和观点，形成良好的教学氛围。

学生对劳动教育课程的参与度不仅体现在教学活动中，还体现在对课程的反馈和意见上。根据调查数据显示，超过80%的高职学生表示愿意提供课程反馈和意见。这些反馈和意见对于学校改进教学质量和内容具有重要意义。学校可以定期收集学生的反馈，了解他们的需求和期望，及时调整教学计划和教学方法。学校还可以鼓励学生参与课程设计和教学改革，让他们成为教学改进的积极参与者。

总之，学生对劳动教育课程的参与度普遍较高，他们通过实践操作和案例分析等方式积极参与教学活动。同时，学生也会提供课程反馈和意见，帮助学校改进教学质量和内容。为了进一步提高学生的参与度，高职院校需要不断创新和改进教学方法，注重教师与学生的互动和沟通，以及鼓励学生参与课程设计和教学改革。通过这些努力，学校可以培养出更多具有实践能力和创新精神的高素质技术技能型人才，满足社会和经济发展的需求。

二、当前高职院校劳动教育面临的挑战

在当前时代背景下，科技的迅猛进展和社会主要矛盾的转变对高职院校的劳动教育提出了前所未有的挑战。适应这些新趋势和变化，寻找创新的劳动教育路径显得尤为关键。

（一）科技进步引领劳动形态的转变

经历了从蒸汽机时代（工业1.0）到电气化（工业2.0）、信息化（工业3.0）的变革，当前，我们正处于利用人工智能技术和虚拟网络系统推动产业革命，迈向智能化（工业4.0）的时代。数据和信息成为经济发展的新动能，通过自动化技术，生产方式正从规模经济向范围经济转变，实现了从统一标准化生产到个性化定制生产的跨越；同时，控制模式也从集中式控制转向了分布式增强型控制。借助AI技术、网络技术、处理技术及用户界面技术，构建了灵活多变、个性化、数字化和智能化的产品与

服务生产模式，促进了整体经济的快速发展。随之而来的是，劳动形态也经历了从手工劳动、机械劳动主导向以科技劳动为主的转变。与此同时，信息技术的持续发展也改变了人们的学习、生活和工作方式，线上学习、生活、工作的比重显著增加。人们为客户和组织提供劳动服务的时间和空间也从线下、固定时间主导转变为线上、全天候主导，新的劳动形态下的管理创新逐步成为提升组织效能的关键方式。在这一背景下，科技劳动和管理劳动等智慧型劳动逐渐成为价值创造的核心，要求劳动者不仅要掌握专业技能，还需具备日益增长的数字技能、编程技能、网络安全管理技能等，以及分析能力、沟通能力、应用数字信息于客户需求的能力，更需要具备敏捷的管理、领导和价值判断能力。

在工业 4.0 时代，虽然生产商品仍旧是劳动的核心内容，生产劳动依然是主要劳动形态，但随着人工智能技术和网络虚拟系统的成熟，机器逐渐发展至智能化“机器人”水平，许多生产岗位开始由人工智能设备取代，生活劳动和服务性劳动的比重逐渐上升。一方面，智能化工业机器人在制造业的广泛应用使得越来越多的劳动者转向生活劳动或服务性劳动；另一方面，科技的快速发展极大促进了社会物质财富的积累，人们拥有更多精力和时间投入于休闲活动中，从而在改造客观世界的同时，真正体现自己的价值。与此同时，科学技术新发现和新发明的推广应用周期不断缩短，劳动者的在职学习成为劳动的一种新形态。由于技术发展是逐步的过程，新的劳动形态取代旧的劳动形态也将是一个缓慢转换、逐步替代的过程。生产劳动、生活劳动和服务性劳动将长期并存。这种发展趋势同时给劳动管理带来新的挑战：传统的管理意识、模式和手段已无法满足科技快速发展下的劳动形态，具备全新的管理劳动能力成为组织健康发展的必要条件。

对于致力于培养高素质劳动者和技术技能人才的高职院校而言，实施劳动教育时面临的挑战尤为严峻。科技的飞速进步改变了劳动形态，整个社会的人才需求发生变化，如何区分高职院校培养的高素质技术技能人才与其他类型人才的区别，成为高职院校开展劳动教育的首要问题。

（二）社会主要矛盾变迁引致劳动角色的演变

特别是党的十八大以来，我国在政治、经济、社会、文化以及生态文明建设等领域实现了历史性的突破与发展，社会生产模式经历了升级换代，劳动者追求美好生活的基础已由“转型传统生产模式”发展为“解决发展不均衡不充分问题”。生产力的快速发展使得基本的生理和安全需求得到了国家的基本保障，甚至在某些家庭中，部分成员无须参与劳动即可享受物质上的无忧生活。因此，劳动的功能经历了根本性的变革。劳动，作为一种生命活动，不再单纯是为了满足生存需求，而成为了创造和改造世界、证明人类自我意识存在的实践活动。劳动的成果变成了人类生活的自我实现：人不仅能在精神上自我反思，也能通过劳动在现实中实现自我，从而在自己创造的世界中找到自己的位置。这意味着，通过劳动实现社会公平正义、民主自由成为了劳动功能的新重心，即劳动从满足物质需求的手段转变为满足精神需求的途径。

综上所述，科技的快速发展正在不断塑造劳动的新形态，将科技劳动、管理劳动等知识型服务劳动置于价值创造的核心；同时，社会主要矛盾的演变也在重新定义劳动的含义，劳动不再仅仅是为了追求物质利益的手段，越来越多的人希望通过劳动的实践，在促进人类社会进步的同时实现自我价值的最大化。与此相对应的是，劳动的功能更重要的是通过劳动来保障社会的公平正义和民主自由。

面对这一系列的新变革和新形势，高职院校不得不深入思考如下问题：“劳动教育的价值观”，是否旨在帮助学生掌握谋生的技术和技能，还是引导学生在创造和改造世界中实现自我价值的独特性；“劳动教育的内容”，是否应聚焦于专业性的技术和技能教育，或者更应强调创新性劳动能力和劳动观念的培养；“劳动教育的方法”，是强调专业技术教育的重要性，还是突出劳动教育在教育中的作用等。

三、高职院校劳动教育的新内涵

随着人工智能、网络虚拟技术等科学进步对劳动形态产生的深刻影响，以及社会主要矛盾的演变为劳动赋予了新的功能和定位，高职院校劳动教育在教育目标、教学内容、方法及评价体系等方面展现出独特的新内涵和方向。

（一）教育目标的演变：从“重点培养劳动技能”到“全面发展劳动能力”

随着我国社会生产力的巨大飞跃，特别是到2020年我国全面建成小康社会，人民的基本生存和安全需求得到了广泛的满足，劳动的意义不仅仅在于谋生，更在于通过劳动实现自我价值和“美好生活”。劳动者需要具备判断“美好生活”本质的能力；同时，人工智能技术的普及和科技革新周期的加速，意味着单纯依赖技术熟练度的工作岗位将逐渐被智能化设备取代，劳动教育亦需聚焦于培养学生的创造性劳动能力。此外，鉴于职业学院毕业生通常直接进入生产和服务的一线岗位，培养他们具备积极的劳动精神和负责任的劳动态度也显得尤为重要。

因此，面对新的挑战和需求，高职院校劳动教育的目标应从“重点培养劳动技能”转变为“在强化劳动技能培养的同时，重视劳动价值观的塑造和创造力的激发”，注重引导学生形成正确的劳动价值观，培育其价值判断力和创造力，积极培养学生具备积极向上的劳动精神和认真负责的劳动态度。目的是让学生在认识和创造世界的过程中实现自我，感受到通过劳动带来的满足和成就。

随着人工智能和网络虚拟技术等科学进步对劳动形式造成的深远影响，加之社会主要矛盾的演化对劳动定位的重新界定，高职院校劳动教育在其教学目标、内容、策略及评估体系上呈现了新的维度和方向。

（二）教学内容的重塑

在传统的手工劳动和机械劳动时代，拥有较强体能或熟练技能的劳动者更容易获得发展的机遇。然而，在以智能化劳动为主导的时代，劳动者除了需要掌握基本技能外，对价值的判断和智慧的运用显得更为关键。在复杂的环境下，劳动者的自我分析、学习、决策等价值判断能力以及创新性劳动能力成为适应智能化劳动形态的关键。

同时，社会生产力的进步意味着满足物质需求不再是劳动的主要目的；实现精神需求逐渐成为劳动的核心功能。劳动成为了促进社会进步和实现个人生命价值的重要途径。此外，工业 1.0 至 3.0 时代工作与生活的分离状态已经改变，许多原本被视为生活服务的技能，如家庭护理、家务管理等，随着社会财富的积累和网络虚拟技术的普及，在工业 4.0 时代变得与工作界限模糊，甚至成为可为他人提供服务的生产技能。

因此，高职院校在新时代的劳动教育内容应从“单纯培养生产性劳动技能”转变为“培养劳动价值观的同时，综合提升生产、生活和服务领域的劳动技能”。即通过全面的劳动技能训练，帮助学生探索和认识实现个人价值的多种途径，培养出正确的劳动价值观和积极的劳动态度。在这个过程中，重视劳动价值观的塑造变得尤为重要，只有具备积极的劳动观念和价值判断力，个体才能意识到不断学习和适应新技能的重要性，从而使自己的劳动能力与时俱进。

（三）教学方法的刷新

与以往不同的是，在人工智能和网络技术驱动的工业 4.0 时代，经济和社会的发展更多依赖于劳动者的自主学习、价值判断和情感管理等隐性能力。这些能力的培养，更多需要通过日常劳动实践而非单一的课堂教学来实现。

因此，高职院校应调整其教学方法，不再将专业教育和劳动教育割裂开来，而是应通过将劳动价值观教育融入专业技能训练中，同时大力发展多样化的社会实践活动，为学生提供广泛的劳动体验机会。这样的方法不仅能提高劳动价值观的内化效率，也能适应劳动形态中生活与服务领域逐渐增加的趋势，由学生事务部门、共青团等学生组织牵头，拓宽学生在生活服务领域技能的培养，从而在实践中提高学生的劳动价值判断能力。

（四）评估方法的更新

在工业 4.0 时代，随着智能化技术在众多领域的广泛应用，依赖于传统劳动技能的岗位正逐步减少，被人工智能技术替代。在这个背景下，劳动价值观的形成、创新能力的培养、积极的劳动精神和认真负责的态度变成了劳动要求的关键。鉴于劳动教育的目标、内容和方法的转变，高职院校的劳动教育评估方式亦需进行相应的调整。

在过去以谋生能力为主导的教育背景下，高职院校的劳动教育评估着重于提高学生的劳动技能。为实现这一目标，评估系统主要关注“劳动技能水平”，以此作为推动师生向着教育目标前进的驱动力。然而，当时劳动教育的焦点转向了培养学生的“劳动价值观、创新能力、劳动精神和态度”时，这要求教育评估也从单一关注“劳动技能掌握程度”，转向综合评价学生的“劳动价值观形成、创新能力发展、积极的劳动精神和认真的工作态度”，以更好地适配工业 4.0 智能化时代的劳动环境和需求。

第三章 职业素养的内涵与构成

第一节 职业素养的概念与特征

一、基于职业人才培养的职业核心素养理解

从农耕时代逐渐过渡到工业化社会，再演化为当下的信息化社会，职业核心能力的培养始终贯穿着对实操技能、职业技术发展的进阶。与单一的操作技能、职业能力相比较，职业核心能力展现了更为广泛和深入的内涵，它不仅包含了技术知识、实际能力等工具性需求，更蕴含着对伦理道德的坚持以及对人的全面发展的重视。它强调的不单是完成任务的技巧与态度，更着眼于个人的人格修养与品质提升。因此，通过观察职业发展过程中对人才素养的关注转变，可以深刻理解职业核心能力的特质及职业教育的理论与实践。

（一）职业核心能力反映了职业发展对人才素养的期待

职业核心能力的形成和演变与经济及社会的进步紧密相关，本质上是生产力增长和生产方式演化的结果。作为在职业实践中对人才素养需求的新解释和表达，职业核心能力具备了鲜明的时代印记和职业属性。它反映了在特定历史阶段，职业实践对“需要何种素质的劳动者”这一实际问题的科学反馈。从农业时代的基础技能，到工业时代的职业技能，再到信息时代的核心能力，都直接响应了不同时期职业领域对经济和社会发展需求的变化。在此过程中，职业核心能力的构成和特点也展现了明显的动态性、进步性和适应性。一方面，随着社会不断向前发展，职业领域也在技术创新、社会劳动分工、生产模式的变革中持续更新，对人才素养的需求呈现出多样化和综合

化的趋势。另一方面，个人的职业素养并非天生就有，而是需要在教育和实践中不断完善和提升。

（二）职业核心能力与具体职业环境和岗位要求直接相关

职业活动嵌入在特定的社会劳动分工体系中，职业发展的变化情境中的核心能力需要与具体的职业环境和岗位要求紧密结合，关乎个体在职业工作中的适应性、岗位竞争力和职业发展潜力。其中，适应性指关注劳动者从学习阶段到成为职业人角色转换的能力。具备优良的职业品德、学习能力和专业积累的劳动者，其适应性相对较强。岗位竞争力指的是劳动者为胜任某岗位工作所需的特质和能力，及其在职位上有不可替代的独特性。例如，培养职业工匠精神，那些持续探索、追求卓越的劳动者，在岗位上的存在感更显著，可替代性较低，竞争力更强。职业发展潜力指劳动者面对技术革新和生产方式转变时，维持持续职业生涯成长的能力。在信息化社会，那些具备领导力、责任感、创新思维、适应能力等素质的劳动者更易于在职业发展道路上实现持续进步。对个体而言，适应性、岗位竞争力与职业发展潜力是相互联系、相互支持的，缺一不可。适应性为职业发展奠定基础，岗位竞争力为职业成长提供动力，而职业发展潜力则指明发展方向和目标。

（三）职业核心素养与教育机构的职业培训紧密结合

职业核心素养在学生职业成长过程中的体现，标志着他们将来融入社会劳动分工所必须具备的品质和能力。其中，品格与能力构成了个人职业生涯的双重基石，它们虽相对独立，拥有自己的内涵、特性及形成途径，但亦存在着深层的联系，相辅相成，在培养过程中相互促进、相互融合。

无疑，无论是品格还是能力，二者都与学校所提供的职业教育与培养计划紧密相关。一方面，学生职业核心素养直接指向了学生步入工作场所、胜任职业角色、促进个人职业成长的一系列知识、技能、情感、态度和价值观，进一步明确了职业教育培养的重点领域。另一方面，学生职业核心素养与普遍的公民素养在某些内容上相交叠，但亦有其独特之处，两者均为可通过教育学习和培训而得以塑造。因而，职业核心素养成为了学校人才培养目标设定和课程开发实施的基础条件，其在教育过程中得到培养和发展，在职业实践中经历提升和完善。

二、基于职业核心素养的高职教育价值表达

职业教育的职业特性定义了教育在社会分工中的角色和任务，反映了社会经济、政治和文化对教育的影响以及教育系统对这些影响的响应。简而言之，职业与教育之间的相互作用主要表现在教育系统应当培育何种职业身份，以及与此相关的职业活动和教育标准等方面。随着职业的持续演变，职业教育基于当时社会经济发展的背景，映射出在特定历史阶段对人才培养重点的转变，即围绕“培养什么样的人才”以及“如何培养人才”的问题展开，其中人才培养目标的价值定位是核心议题。因此，在深入探讨职业核心素养的含义和特点的同时，需要对职业核心素养在推动高等职业教育人才培养价值取向的变革进行重新评估和思考，这一过程直接关联到高等职业教育制定人才培养的标准和规范的实际议题。

无论是从内容还是形态上看，职业核心素养直接指向了社会经济进步对人才定义和要求的更新。高等职业教育，作为教育领域的一种独特形式，自其形成之初便明确要具有区域互动性和职业指向性，紧密与区域经济和社会进步相连，旨在培育直接投入产业生产的技术和技能型人才，符合职业岗位的具体“职业人”要求。这种以就业为核心目标的高职教育培养理念，聚焦于使学生掌握必要的岗位技能，以便其毕业后在职场展现强大的竞争力和适应性，满足雇主的需求。这一方向长期以来在我国职业教育政策中被强调，从早期的校企合作到后来的产教融合，不断地在不同层面上落实职业教育培养目标的具体性，着眼于培育能够满足行业产业需求的合格职业人才。在教育实践中，许多高职院校积极实施和探索如订单式培养、嵌入式培养等模式，整合教育资源和企业优势，致力于为市场输送适应性强的职业人才。

然而，与其他教育类型相似，职业教育的根本目标是促进个人的生存和全面发展。特别是在信息社会和知识经济背景下，一方面，职业界限逐渐变得模糊，职业流动性增强，而传统的职业与从业者间的紧密联系正在解体。另一方面，随着知识经济和信息技术的渗透，对新知识和技能的需求不断提升，如“技术适应力”“岗位流动能力”“信息技能”“数据处理能力”等，都被提上教育议程。这些新的发展趋势在另一层面上促使高职教育的人才培养目标需要进行转型，从培养“合格职业人”转向培养“全面发展的个体”。在信息技术迅速发展的当下，仅靠更新“硬技能”的教育模式已无法满足经济社会发展的新需求，迫切需要对价值观和思维模式进行根本性变革。职业

核心素养的提出，既是对传统职业教育目标的重塑，也是对信息社会背景下教育目标内涵的新理解，标志着高职教育目标思考由“分析还原”向“系统综合”的转变。从价值关注角度看，这一转变将关注点从单一的知识和技能转移到人的全面发展上。从思维模式看，教育目标由关注具体“点”到整体“面”的拓展，有助于构建更系统、综合的教育目标框架。职业核心素养不仅反映了对高职教育人才培养标准的新期待，而且预示着在技术革新、生产方式转型和职业演变面前，高职教育目标系统需要进行的“范式转换”。

第二节　职业素养的构成要素

一、高职学生职业素养的理论基础

（一）职业成长规律理论

本纳（Patricia Benner）和德莱弗斯（Stuart E. Dreyfus）等研究者揭示了个体在职业路径上从新手向专家演进（分为新手、进阶新手、胜任者、熟练者、专家五个级别）的自然逻辑。技术人才的成长路径亦遵循这一逻辑，其中每个职业发展阶段都对个体的知识、技能、态度、价值观提出了不同的要求。换言之，技术人才从一个层次进阶到更高层次，并非仅仅是知识的堆砌，而是从执行简单到复杂任务的能力提升过程，这一过程伴随着个体知识、技能、情感、态度和价值观等多方面素质的成长。因此，在高等职业教育中培育高素质技术技能人才时，需要既满足学生提升知识水平的基本需求，又要考虑到技能积累和职业持续发展的独特需求。每当高职学生达到新的职业成长阶段，都是基于其能够满足该阶段的教学要求和完成工作任务为前提的。

此外，职业核心素养的形成和进步依托于社会对必备品质和关键能力的需求，通过个体的学习和反思等必要步骤，促进个体与环境之间的互动，进而支持个体职业成长。在个体的职业发展过程中，个体与环境的互动，通过不同发展阶段的适应、吸收、调整过程，以适应环境的复杂需求。即个体通过“类化”既往经验的“迁移”和“调适”过程，成功地适应新的环境需求。例如，美国心理学家罗伯特·凯根（Robert

Kegan)，受到皮亚杰（Jean Piaget）的认知发展阶段论、埃里克·埃里克森（Erik H. Erikson）的人格发展阶段论等理论的启发，提出了“进化的自我”概念，并以此为基础构建了心智复杂性的演进模型。凯根认为，自我发展的核心在于心智复杂性的演进，是追求自我认同感的持续行动过程。因此，构建高职学生的职业核心素养模型时，必须考虑到学生职业成长的规律及其与环境互动的规则。

（二）多元智能理论

1. 智能的结构理论

在 1967 年，美国哈佛大学教育学院的尼尔森·古德曼（Nelson Goodman）启动了著名的“零点项目”，该项目是艺术教育领域的一个创新研究计划，目的是重构科学与艺术教育研究之间的平衡，从基础出发。此项研究在心理学、教育科学和艺术教学等多个领域取得了重要成果，并对后续研究产生了深远影响。在“零点项目”研究期间，哈佛大学的霍华德·加德纳（Howard Gardner）教授提出了他对智能的独到见解，即管理学界广为人知的多元智能理论。加德纳指出，传统上对智能的定义过于狭隘，没有充分展示个体的全面能力。他认为，智能应视为衡量解决问题能力的指标。基于这种理念，他在 1983 年的著作《心智的框架》（Frames of Mind, Gardner）中首次阐述了多元智能理论的核心框架，并据此定义了个体在职业生涯和成长中所需的七种智能：音乐智能、身体运动智能、逻辑数学智能、语言智能、空间智能、人际智能和内省智能。多元智能的这一构架为理论的深化打下了基础。加德纳认为，除个别异常情况外，多元智能总是以一种有序的组合方式运作。在现实生活中，面对复杂挑战时，个体往往会动用多种智能的组合来寻求解决方案。这表明，个体智能的倾向是由多种智能集成而成的。因此，由此形成的个体智能结构和呈现出的智能类型存在差异，显示了人类智能的多样性和复杂性。

2. 多元智能理论的新发展

加德纳进一步深化了他的智能理论，引入了“社会视域下的人类智能”这一新观念。他提出，智能不仅仅是个体的生物心理特征，也涉及社会层面的行业或领域的特性。人类的智能类型与社会发展出的不同职业和学科之间，呈现出某种内在联系。在此基础上，加德纳在社会背景下对智能的定义涵盖了两个主要方面：一方面是个体在各知识领域中运用有能力的人；另一方面是通过社会提供的机遇、教育机构的支持以及倡导的价值观，来塑造和提升个体的社会。这意味着，个体的能力仅是智能定义的一部分，社会的结构和机制对于激发和培养这些能力起到了关键作用。加德纳强调，不同社会背景下对智能的需求不同：传统社会强调维持社群的凝聚力，智能与人际交往技巧密切相关，而工业社会更注重技术技能和工业发展手段。如果孤立地考察这些智能，则多元智能的优势与单一智能相比将被忽视。多样的智能组合为展示更广泛的能力和成就提供了可能性。随着工作环境的改变，所需的智能组合也随之变化。例如，电子市场初期对于语言、逻辑数学和空间智能的综合需求显著增加。随着市场的成熟，人际和内省智能在商业活动中变得更为重要。在当今知识经济和信息技术快速发展的社会中，"机器换人"现象使得计算机和机器取代了某些人类技能。

因此，加德纳的多元智能理论揭示了人类智能的多样性和个体在人才培养中的独特需求。教育应当本着"因材施教"的原则，针对不同群体或个体的智能类型和结构，采用合适的培养策略，以促进个性发展、激发潜力、展现价值。适应个体智能优势，培养社会所需的多样化人才，是教育的根本目的。对于高职学生来说，与普通高校学生相比，并无智力上的优劣之分，只是智能的结构和类型存在差异。多元智能理论提倡对学生的积极看法，每种类型的学生都有自己的优势智能领域和智能结构。因此，构建高职学生的职业核心素养模型时，应充分考虑到他们的智能类型和成长特性，对智能结构进行准确的定位和科学的整合，这将极大促进高职院校人才培养目标的优化，增强培养方案的科学性和针对性，更好地满足信息社会对人才种类和结构的新期待。

（三）人职匹配理论

人职匹配理论，关注于将个体特性与职业需求对接的逻辑，起初由 Parson（帕森）教授提出。该理论基于一个核心前提：人的个体特征和需求各异，且这些差异对应适合于多样的职业环境。理论的核心观点是：个体之间存在显著的差异性，每个人都有其独特的属性，而不同职业因其工作本质、环境、条件和执行方式的差异，对从业人员的知识、技能、性格、气质等有着特定的要求。Parson 提出这一理论后，进一步演化出特征—因素理论、个性—职业类型理论、需求理论等多个分支。特征—因素理论旨在寻找个体特性与职业需求之间最佳匹配的程度；个性—职业类型理论指出，个体对工作的满意度和离职倾向受到个性与职业环境匹配程度的影响。综合这些理论观点，人职匹配可以被划分为条件匹配和特性匹配两大类。条件匹配关注于职业需求与个体所拥有知识技能的对应；特性匹配则着眼于职业需求与个体性格、特质的相容性。因此，人职匹配的核心挑战在于寻求个体与职业角色的最佳结合，以实现最高的工作效能。

人职匹配理论为个体的职业成长提供了基本的指导原则。在构建高职学生的职业核心素养模型时，应基于“人适其位”的原则，通过职业分析明确各种职位的特定需求，并依据个体或团体的特质和需求，实现劳动者的素质结构与职业岗位要求的一致性，从而做到最佳人才利用和资源配置。

二、高职学生职业核心素养的结构

通常来说，核心素养的实质是聚焦于“人”的全面发展，构建职业核心素养模型的初衷与目标均聚焦于促进学生在职业生涯中的持续成长。因此，在构建职业核心素养模型时，不能仅依据就业潜力进行教育规划，而应全面考量学生的成长特性和个体发展的现实情况，避免忽视教育主体和片面追求某方面能力的问题。《国家中长期教育改革和发展规划纲要（2010-2020年）》指出，必须建立全人教育的质量观念，将推动人的全方位发展和满足社会需求作为教育质量评价的核心标准。姜大源教授在其著作《职业教育要义》中强调，职业教育的目标并非造就一个被动的“知识库”或仅仅是技能的“自动执行者”。职业教育的使命是让一个自然的、生命的个体转化为社会所需的职业个体，同时，这种转化不应仅限于职业层面，而是要培养能够生存并持续发展的社会成员。职业教育的这个培养目标明确了职业核心素养的建立不应与具体社会背景脱节。正如明尼苏达大学的罗圭斯特和戴维斯（Dawis & Lofquist）所提出的职业适应理论所指出的，当职业环境能够支持个体的发展需求，而个体也能满足职业技能的要求时，个体在该领域将更有可能实现持续的职业成长。

在全球范围内，经济合作与发展组织（OECD）根据个体与社会的互动，定义了核心素养的三大构成维度，即“互动使用工具”“自主行动能力”和“在多元社会中的互动能力”。这三个维度虽然侧重点不同，却相互关联。随后，国际机构、国家及地区对核心素养的框架普遍聚焦于个体自我成长、文化适应和社会参与这三个主要领域。自我成长对于个体和社会的进步至关重要，文化适应提供了面向未来社会的关键驱动力，社会参与则为个体的价值实现和社会进步提供了基础。这三个构成维度的设定主要是基于它们与教育价值体系的匹配。在价值哲学中，价值是指客体对主体的重要性或有用性，反映了客体的功能属性对主体需求的满足程度。人的价值是价值哲学讨论的核心问题，进一步细分为本质价值、工具价值和消费价值三个层面。人的生命价值属于本质价值，人在社会生产中的作用构成工具价值，人在社会生活中的作用体现为消费价值。

对教育而言，教育广义上指一切旨在影响人的身心发展的社会活动，其根本价值在于实现人的全面价值。因此，教育价值结构与人的价值结构紧密相连。教育的根本价值即本质价值，教育的工具价值需要通过本质价值来实现，教育的社会价值也需基于本质价值和工具价值的实现。因而，教育的本质价值、工具价值和社会价值构成了一个紧密关联的递进结构关系，相互作用形成教育价值的三元体系。相应地，教育的各种现象和活动最终都可以通过这个三元价值体系得到解释。职业核心素养模型的构建，在确定结构维度时可以参照已有框架，着重于个体与自我、个体与工具、个体与社会这三大关系领域。通过科学筛选和论证，有效整合各领域要素，确保它们相互补充和促进，在不同环境下发挥作用，以实现个体发展、社会进步和国家发展的统一目标。

三、高职学生职业核心素养的层次

在全球范围内对核心素养进行深入研究及探讨时，各国和地区都已建立起相对系统化且全面的评价体系。同时，这些核心素养评价体系均提到了核心素养的通用性与特定性、连贯性与分阶段性的讨论，强调在不同的教育背景和阶段中，核心素养的具体内容应有所区别。由此看出，选择核心素养的指标和要素并非只是理论上的抽象操作，而应根据教育的文化背景和不同的学习阶段进行细致筛选，即依据不同的教育目标和学生的成长特征来确定具体化的指标和要素。

在教育系统的大框架下，高职教育作为职业教育的一部分，注重实际操作、技术应用和职业准备，旨在为特定职业培养专门技能。高职学生职业核心素养的指标和要素选择应反映出职业教育的文化和该教育阶段的特点。一方面，职业教育文化的特色，使得企业价值观如“诚信”“效益”，经营文化如“质量”“竞争”，发展文化如“责任”“创新”以及行为文化如“团结”“合作”在高职院校文化中得到了更为深入的体现。另一方面，还需充分考虑高职学生的成长特性和需求。高职学生，主要是“00”后有明显的生理变化、心理变化和情感体验。从职业角度看，他们正在经历从学生到职业人的转变，社会性、责任感和创新能力得到增强。然而，多数高职学生可能因高考未达预期而带有一定的挫败感，学习动力不足，“重技能轻知识”的观念较为普遍，导致人文和科学素养相对缺乏。正如联合国教科文组织在其报告中提到，对高职学生而言，学会学习的重要性前所未有，成为职业核心素养发展中的关键要素。

在构建高职学生职业核心素养层次时，确立其结构、指标和要素的过程中必须全面考虑多方面因素。模型需要在价值构成上展现对未来职业挑战和终身学习需求的适应性，在结构方面强调个人成长、国家利益和社会发展的和谐统一，并在层级上贴合高职教育的文化背景和学生的发展特性。以这样的准则为基础，结合广泛调查研究和深入论证，进行具有本土特色的选择和确立，同时随着社会经济的发展和职业环境的变化，持续进行必要的动态更新和调整。

第三节　职业素养的培养途径与方法

在高职教育中，针对学生职业核心素养培育所遭遇的挑战，包括产教结合、校企协作的外在困境和学校体制、条件、资源的内部难题。因此，对高职学生职业核心素养进行有效培育需视为一项综合性且系统的工作。在评估现行高职学生职业核心素养培养方案及其特点时，关键在于首先澄清和强化培养主体的角色与职责，促进资源整合与各方互动，进而建立和优化支撑高职学生职业核心素养培养的基础设施。立足于这一点，应积极推进高职学生职业核心素养培育体系的改进与策略刷新，其中，前者着重界定培养路线与策略，后者则确保提供必要的支持与保障。

一、职业素养培养的课程途径

职业核心素养根本上代表着一个教育价值观念，归属于教育目标体系的宏大范畴，在具体的教育教学活动中无法直接操作实施。课程与教学构成教育活动的核心，是实现人才培育目标的关键途径。为了有效培育高职学生的职业核心素养，必须通过课程与教学，将各项素养目标有针对性地转化并融入到课程体系中，逐渐形成满足高职学生职业核心素养培育需求的课程架构。

（一）基于职业核心素养的课程设计

目标的明确化是内容体系构建的基础。确定了培育目标后，将职场中的任务转化为职业岗位劳动者需掌握的知识与技能，及相关的职业核心素养，构成了课程设计的前提。若无法对职业任务做出明确的概述，无法界定达成的具体水平与目标，便难以明确知识与技能的范畴。因此，采纳恰当的课程设计理念至关重要。

（二）基于职业核心素养的课程体系

观察现行的高职院校课程体系，大部分采用的是以能力为核心的构建方式。此类课程体系着重专业知识的针对性与应用性，其基本特性包括：课程目标聚焦于完成特定工作任务或流程；教学内容基于岗位实际操作；结构安排遵循工作过程的逻辑；评估重在工作成果的实现。随着信息时代对技术、生产模式及人际互动方式的影响，课程体系从能力本位逐渐转向素养本位的模式。核心素养概念覆盖面更广，课程中不仅包含能力培养的提升，还应扩展至核心素养的培育。素养本位课程体系即是对现有能力本位课程体系的综合优化与提升。如图 3-1 所示。

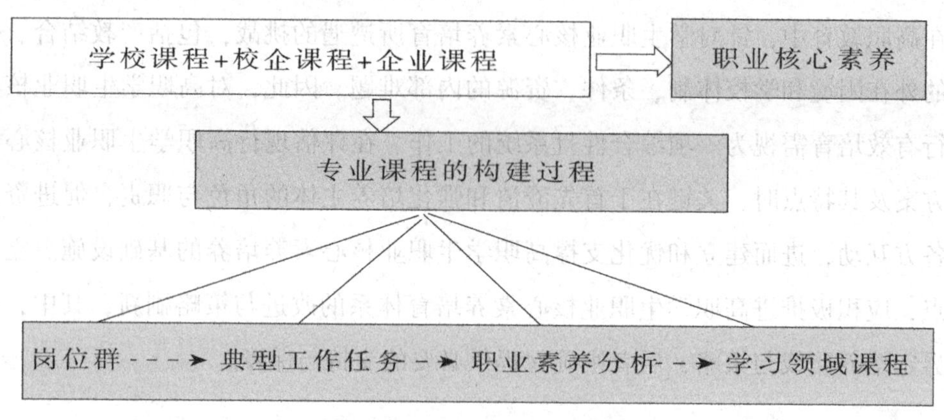

图 3-1　素养本位的高职院校课程体系

素养本位高职院校课程体系的构想如下：

课程内容方面，基础课程与专业课程是核心。调查显示，高职学生在批判思维、劳动意识、法律规则意识等方面较为薄弱，这些素养大多通过广泛课程加以培育。问卷调查中，绝大多数学生希望学校开设能够提升职业核心素养的课程。

校企课程和企业培训更侧重于与企业紧密相关的专业技能培养。在学生进行实习实训阶段，系统性学习与企业的针对性培训或课程整合是提升职业能力的有效途径。

（三）基于职业核心素养的课程教学

高职学生的职业核心素养培养，依托于学校的教育过程，主要分为理论和实践两大部分，互为补充和支撑。

在理论教学中，教学内容的精心筛选、教学模式的创新拓展及教学方法的灵活应用对于培养职业核心素养至关重要。关于教学内容的筛选，传统的教育模式主要强调知识的体系化和完整性，而忽视了学生全面发展的需求。为了更好地培养高职学生的职业核心素养，教学内容的选择应打破传统认识论的界限，应从专业领域知识到跨学科综合知识，从理论知识到实践操作技能，再到通识教育和职业伦理，需要更广泛地融合各类知识，以培养学生的综合素养。

教学模式的更新则需从传统的"讲授—接受"模式转向更为互动和学生主导的学习方式。特别是在信息技术快速发展的今天，教学模式应利用现代科技手段，缩短教与学之间的距离，通过模拟真实工作场景、提供互动体验等方式，促进学生的全面成长。对于实践教学环节，既包括校内的实验、实训，也包括校外的实习、顶岗实践等，通过真实或模拟的职业场景让学生亲身体验和实践，以提升其职业技能和职业素养。总的来说，高职学生职业核心素养的培养不仅仅是教育内容和教育模式的改革，更是一个涉及教育理念、教育结构和教育方法全面更新的系统性工程。需要教育者对教学内容进行综合性和前瞻性的设计，对教学模式进行创新性的拓展，最终实现高职学生的全面发展和职业素养的有效提升。

在"互联网+"时代背景下，教学方法和手段的创新成为高职学生职业核心素养培养的关键环节。互联网技术不仅对学生的职业素养提出了新的挑战，要求学生具备更广泛的信息处理能力，如信息获取、批判性分析、数据处理能力等，同时也为教学提供了更多元化的工具和平台。此外，随着技术和生产方式的演进，学生也需培养更高层次的学习能力、创新思维，以及使用互联网增强的协作交流能力等，以适应动态变化的职业要求。对于教学方法，要充分利用 MOOC、在线开放课程、云课堂等新型教学模式，实现从传统书本学习到线上线下混合学习的转变，更好地适应学生的个性化和多样化学习需求。

实践教学的有效管理同样至关重要。按照职业教育强调实践环节的原则，高职教育应保证实践教学时间占总学时的一半以上。实践教学，尤其是校内实训与校外顶岗实习，是高职学生核心职业素养培养的核心渠道。通过在校实训中模拟真实工作环境，使学生在完成具体任务的同时，能实地运用理论知识，并培养其工作态度、团队协作能力、问题解决能力等综合职业素养。为了加强实训效果的评估，可采取编写实训日志、完成实训手册等方式进行，由教师进行综合评价，将实践成果作为课程评价的一环。总而言之，高职教育中职业核心素养的培养，需通过创新教学方法和手段，以及加强实践教学管理来实现。这不仅包括采用互联网技术提高教学互动性和灵活性，还需要优化实践教学内容和过程，以确保学生能够在真实或模拟的职业环境中有效地学习和成长。

高职教育中的校内实习与实训构成了技能培养的核心途径。借助学校提供的实训设施和场地，学生在这些环境下进行的模拟企业工作场景训练，不仅使其能够将课堂所学知识应用于实践，还能全面监测和指导学生的操作过程，确保知识和技能的有效转化。此过程不仅加深了学生对职业实践的理解，同时促进了其责任感、团队精神，以及解决问题的能力等职业素质的全面提升。

校外顶岗实习环节，将学生置于实际工作环境中，使其参与真实的工作流程，不仅由企业内的“师傅”直接指导，还能深刻体验职业生活，从而更深入地理解和认可职业核心素养的重要性。通过顶岗实习，学生能够明确自身在职业素养上的优势与不足，促进自我认知与职业发展。高职院校应与企业紧密合作，通过定期访问、校企直通等措施，加强对学生实习的监管，确保实习质量，为学生的职业核心素养培养提供强有力的支持。

总体而言，高职院校在实施实践教学时，需要针对不同专业的职业岗位需求，制定相应的实习与实训计划。机械、电子类等专业学生能从校内实习实训中获益较多，而财会、文秘等专业学生则需借助校外资源。对于电子商务、市场营销等市场敏感性较强的专业，顶岗实习尤为关键。面对资源和条件的限制，高职院校须通过校企合作等模式，整合内外资源，以优化实践教学环境，保障学生能在多样化的实践活动中有效提升职业核心素养。

二、职业素养提升的实践活动路径

基于实践活动的服务体系不仅是目标体系的必要支持，也是内容体系的有益补充。高职学生的职业核心素养涵盖了二十八个要素，涉及知识、能力等显性素养，以及情感、态度、价值观等隐性素养。这些隐性素养更多地受非智力因素影响，具有复杂、抽象的特点，需要校园文化的融入、实践活动的培育，以及创新创业的激励等。

（一）校园文化的融入

高职学生的职业核心素养培养需要营造一种积极向上的氛围，这种氛围应当贯穿于整个校园生活中。建立具有浓厚职业特色的校园文化对于培养学生的职业素养至关重要。这种文化是高职院校在长期的教育和实践中逐渐形成的，它不仅反映了学校的职业特质，也反映了师生对于职业需求的理解和认同。在这样的文化氛围下，学生更容易接受和内化职业价值观，形成正确的职业态度和行为准则。同时，将企业文化中的职业理念融入到高职院校的校园文化中，可以进一步优化人才培养机制，确保学生的职业核心素养得到全面发展和提升。这样的文化融合不仅有助于学生顺利融入职场，也有利于高职院校的声誉和社会形象的提升。

（二）实践活动的培育

高职院校可积极借助文化培育的力量，构建多元化的实践活动平台，引导学生自主发展和提升职业核心素养。通过专业文化节、科技文化节、道德讲坛、学术论坛等活动，弘扬主流文化，传扬职业价值观，使学生在多样化的知识和文化交流中增强职业意识和自我认同，培养职业观念和精神品质，提升职业品格与修养。同时，学生社团、学生会、团委会等组织也可发挥作用，开展多样化的学生活动，促进学生领导力、责任感、沟通能力、统筹协调能力、合作精神等方面的全面发展。注重社会实践，有针对性地支持和鼓励学生参与技能竞赛、技能认证，组织学生参与“志愿服务”“岗位体验”“社会调查”等实践活动，以提升学生对社会和职业的认知，加强劳动意识、法律意识、社会责任感和贡献意识，积累社会实践经验，从而深化对学校所学知识和能力的理解与应用。

（三）创新创业的激励

培养学生的生涯规划与创新创业意识和能力对于高职学生的职业发展至关重要。调查发现，目前大多数高职院校将生涯规划教育与创新创业教育融合在一起。在创新创业教育实践中，采取了多种有效方式：拓展创新能力培养途径，如设立开放实验室、师生共建科研团队、组建学生创业社团等；实施创新创业训练计划，通过支持学生参与创新项目、提供资金支持等方式鼓励学生参与创新计划；鼓励学生参与创业实践，如举办创新创业大赛、建立创业实践基地等。各高职院校对创业教育和实践的重视，显著提升了学生的创造创新能力。同时，学生参与创新创业实践也培养了他们的劳动意识、质量意识、沟通交流能力、合作协作能力、问题解决能力等其他方面的职业素养。

三、素养质量监控的优化评价

在高职学生职业核心素养培养过程中，素养要素的多样性和复杂性使得质量监控和评价的角色变得更为关键。通过质量监控和评价，可以实现两方面的目标：一方面，教师可以及时准确地了解学生职业核心素养培养情况，为教育教学提供明确的指导；另一方面，学生可以客观准确地评估自己已经掌握的素养、缺乏的素养以及需要努力获得的素养，为学习和职业发展设定明确的目标。

（一）清晰评价主体

1. 高职学生职业核心素养的多维性

高职学生的职业核心素养不仅仅局限于书本上的知识。它是一个包含知识、技能、情感、态度和价值观等多个方面的综合体。这意味着学生不只是需要掌握专业理论，更重要的是要能将理论知识应用到实践中，同时还要具备良好的情感态度和价值观，以适应不断变化的职业环境。例如，一个优秀的高职学生应该具备以下几个方面的素养。

①知识和技能：专业知识的掌握和实际操作技能。

②情感态度：对所学专业的热情、对工作的责任心和积极的工作态度。

③价值观：正确的职业道德观念和社会责任感。

④适应能力：能够迅速适应不同工作环境和岗位要求的能力。

⑤创新能力：在面对问题时能够提出新的解决方案和创意。

2. 单一评价主体的局限性

单一评价主体，如仅依靠教师或学校对学生的职业核心素养进行评价，往往难以全面和客观地反映学生的实际水平。原因在于，教师主要从课堂表现和考试成绩来评价学生，这反映了学生的理论知识和部分技能。然而，职业素养的其他方面，如情感态度、价值观、适应能力和创新能力等，很难通过传统的教学方法和评价体系来全面评估。此外，由于每个人的观察角度和评价标准可能不同，仅依赖单一视角的评价容易产生偏见，不能全面反映学生的能力。

3. 多元评价主体的必要性

为了全面评价高职学生的职业核心素养，需要创新地引入多个评价主体参与到评价过程中来。这些评价主体包括：

①高职院校：负责提供专业知识和技能培训。

②教育主管部门：制定相关教育政策和评价标准。

③行业协会和企业：可以提供实习机会，评价学生的实践能力和职业适应能力。

④社会组织和家长：评价学生的社会责任感、价值观和情感态度。

通过这样的多方合作，可以从不同角度对学生进行全面评价，既包括理论知识和技能，也包括实践能力、情感态度和价值观等非技术性素养。例如，企业可以通过提供实习机会，直接评估学生的工作表现和职业适应能力；家长和社会组织可以提供对学生社会行为和责任感的评价。

（二）转变评价理念

1. 当前高职院校教学质量评价的局限性

目前，有的高职院校的教学质量评价体系，如麦可思学业评价，主要关注于学生学科专业知识和技能的掌握，通过选择特定的指标和进行终结性评价来衡量学生的学业成就。这种评价方式倾向于量化分析，强调通过客观数据来评价学生的学习成果。然而，这一方法存在明显的局限性：

①过分侧重于理论知识和技能的掌握，忽视了职业素养的其他重要方面，如情感态度、价值观、适应能力等。

②缺乏对学生素养发展过程的关注，无法全面反映学生的实时进步和潜在能力。

③无法有效评价多维度的职业核心素养，很多重要的素养要素难以通过简单的量化数据来评估。

2. 高职学生职业核心素养的多维特性

高职学生的职业核心素养包含了多个维度，除了专业知识和技能之外，还涉及到情感、态度、价值观等非技术性素养。这些素养要素对于学生未来的职业生涯发展至关重要，能够帮助学生更好地适应社会和工作环境。因此，评价体系需要综合考虑这些多维度的素养，才能全面评估和促进学生的全面发展。

3. 评价方法和手段的改革和创新

为了更准确和全面地评价高职学生的职业核心素养，评价方法和手段需要进行相应的改革和创新：

①形成性评价的引入：相对于仅在学期末进行的终结性评价，形成性评价关注学生学习过程中的实时进展和发展。通过定期的反馈和评价，教师可以及时了解学生的学习情况，调整教学策略，帮助学生在学习过程中不断进步。

②定量与定性相结合的评价方法：采用多元化的评价工具和方法，结合定量分析和定性分析，以全面评价学生的职业核心素养。例如，通过案例分析、项目实践、同伴评价、自我反思等多种方式，综合评估学生的知识、技能以及情感态度等。

③设计便于操作的评价技术：开发和应用新的评价技术和工具，如电子投票、在线问卷、数字化作品集等，使评价过程更加便捷、高效。

④建立科学的预警和反馈机制：通过分析评价数据，及时发现学生学习中的问题和挑战，建立有效的预警机制。同时，提供针对性的反馈和建议，引导学生进行自我改进和提升。

通过以上改革和创新，可以实现对高职学生职业核心素养的全面、客观和动态评价，促进学生个性化和全面发展，为其未来的职业生涯打下坚实的基础。

（三）丰富评价手段

信息技术的快速进展为评价高职学生的职业核心素养带来了变革，提供了全新的途径和方法。这些技术的应用不仅可以提高评价的效率和准确性，还能解决传统评价方法难以克服的问题。以下是如何利用信息技术来完善职业核心素养评价体系的几个方面。

1. 利用大数据和智能分析开发评价工具

随着大数据技术的发展，我们现在能够收集和分析以前难以想象的数据。一些国家已经开始利用这些资源来开发先进的评价工具。通过整合态度调查问卷、表现性评价和其他形式的反馈，这些工具可以提供更全面、更深入的学生素养分析。

2. 结合智慧校园建设

随着智慧校园建设的推进，高职院校有机会结合校园内部的大数据资源，利用数据挖掘技术探索学生的行为模式、学习习惯及其职业核心素养的发展情况。这不仅能帮助教育者全面了解学生的综合能力，还能根据数据反馈调整教学策略，实现个性化教学。

3. 广泛应用的教学平台与素质教育平台

当前广泛应用的在线教学平台和学生素质教育平台为实现上述目标提供了强有力的技术支持。这些平台可以收集学生的学习活动数据，通过智能分析工具评估学生的学习成果，同时也能捕捉到学生的非学术能力，如团队合作、问题解决等职业核心素养。利用这些平台，教育者可以设计更符合学生需求的课程和活动，促进学生全面发展。

4. 前瞻性的评价改革

为了充分利用信息技术在职业核心素养评价中的潜力，高职院校需要不断探索和实践新的评价方法。这包括开发可视化工具来直观展示学生的学习进展和素养发展，建立互动反馈系统以促进学生自我反思和自我提升，以及利用机器学习算法来预测学生的未来表现和发展潜力。

综上所述，通过整合先进的信息技术，高职院校可以更有效地评价和促进学生职业核心素养的发展。这不仅需要技术的创新，还需要教育者、技术人员的紧密合作，共同为学生提供一个更加丰富、互动和个性化的学习环境。

（四）关注群体差异

进行质量评价的核心目标是全面而真实地反映高职学生职业核心素养的整体发展，并利用评价结果作为一种工具，促进和指导不同背景和能力水平学生的职业素养发展。要实现这一目标，评价过程必须考虑到学生群体在学科专业、认知基础、知识结构等方面的多样性。这种多样性导致不同群体学生在职业核心素养的发展上存在显著差异，这对评价方法提出了更高的要求。

1. 平衡普遍性与特殊性的关系

在质量评价中，找到普遍性与特殊性之间的平衡是关键。这意味着评价不仅要全面考量高职学生作为一个整体的职业核心素养发展情况，还要细致地分析不同学科专业、不同认知水平以及不同个体之间的具体差异。这种平衡的处理要求评价系统能够灵活调整，以适应不同学生群体的具体需要。

2. 差异化评价的方法

实施差异化评价意味着要根据每个学生或学生群体的特定情况，设计和选择合适的评价工具和指标。这种方法允许教育者更准确地识别每个学生或群体的强项和弱点，从而为每个人提供更加个性化的支持和引导。例如，针对理工科学生的评价可能更加侧重于技术技能和应用能力的考核，而对于文科学生，则可能更多地关注其分析能力、批判思维能力和创新能力。

3. 形成适应不同需求的评价结果

通过差异化的评价方法，可以形成更加精准和有针对性的评价结果，这些结果能够反映出不同高职学生在职业核心素养方面的具体需求和发展潜力。这种评价结果不仅对学生自身的成长和发展至关重要，也为教育者提供了宝贵的信息，帮助他们调整教学策略和内容，以更好地满足学生的发展需求。

4. 促进职业核心素养的全面发展和均衡提升

差异化评价的最终目标是促进高职学生职业核心素养的全面发展和均衡提升。通过识别并满足不同学生群体的特定需求，可以确保每位学生都能在其职业生涯中获得必要的支持和资源，以实现其潜能。这种方法不仅提高了教育的有效性，也增强了学生对自己职业未来的信心和准备。

综上所述，质量评价的过程需要灵活多样，既要全面考虑高职学生群体的普遍特性，又要充分考虑到个体差异。通过差异化的评价方法，确保评价结果能够真实反映学生的职业核心素养发展情况，进而有效地指导和促进每位学生的全面成长和发展。此外，在评价结束后，及时将评价结果反馈给学生是至关重要的。这样可以让学生了解自己在职业核心素养培养中存在的不足和问题，通过有针对性的学习和实践来弥补缺陷，从而提高职业核心素养培养的质量和水平。

第四章　高职劳动教育与职业素养融合的内在逻辑

在当今社会，随着经济的快速发展和产业结构的不断优化升级，对高素质技能型人才的需求日益增加。高职教育作为培养这类人才的重要基地，其重要性和影响力日益凸显。在高职教育体系中，劳动教育扮演着至关重要的角色，它不仅关系到学生专业技能的培养，更涉及到职业素养的塑造和提升。

第一节　职业素养对劳动教育的促进作用

高职学生的职业素养包括专业技能、团队合作、职业道德、创新能力等方面，这些素养的培养对于学生未来的职业生涯发展具有重要意义。通过探索高职学生职业素养与劳动教育之间的相互促进关系，旨在为高职院校的劳动教育实施提供科学的理论依据和实践指导，从而推动劳动教育在高职教育体系中的深入发展。

一、职业素养与劳动教育的相互作用

劳动教育作为高职教育中极为重要的一环，旨在通过实践活动促进学生职业素养的全面发展。职业素养的高低直接影响学生对劳动教育的态度和参与度，进而决定了劳动教育的效果和质量。本部分将深入探讨职业素养与劳动教育之间的相互作用，包括职业素养如何影响学生的劳动教育态度和参与度，以及具有高职业素养的学生在劳动教育中所展现的优势和特点。

（一）职业素养对学生态度和参与度的影响

职业素养是指个体在其职业领域内所需的知识、技能、能力及行为习惯的总和，包括专业技能、团队协作、职业道德和创新能力等多个方面。高职业素养的学生往往

对劳动教育持有更为积极的态度，他们能够清晰地认识到劳动教育在个人职业发展中的重要作用，并愿意主动参与到各类劳动实践活动中。这种积极的态度不仅促进了学生自身职业素养的进一步提升，也为劳动教育的实施创造了良好的学习氛围。

职业素养还直接影响学生的劳动教育参与度。学生的专业技能水平、团队合作能力、创新思维和职业道德观念等，都是他们在劳动教育活动中能否发挥积极作用的关键因素。具备高职业素养的学生往往能够在劳动教育中展现出更高的参与度，他们不仅能够积极完成劳动任务，还能在过程中发挥创新思维，提出改善方案，提高劳动效率和质量。

这种积极参与不仅表现在完成分配任务的能力上，还体现在主动探索和解决问题的过程中。例如，在参与校园环境美化、社区服务或技能工作坊时，高职业素养的学生能够根据自身专业知识，提出针对性的改进措施，如利用新技术或材料提高工作效率，或者通过团队合作优化工作流程，这些都有效提升了劳动活动的质量和效益。

此外，这些学生还能够在劳动教育过程中，通过实践活动深化对职业道德的理解和认识。例如，通过参与有组织的志愿服务活动，学生不仅能学习到如何在实际工作中应用专业技能，还能培养对社会责任和职业道德的深刻理解，进一步强化了他们的职业素养。

高职业素养的学生通过参与劳动教育，不仅在技能和知识上得到了提升，他们的创新思维和团队合作能力也得到了显著加强。这些能力的提升，为他们未来在职场上的成功奠定了坚实的基础。同时，他们的积极表现和成果也为其他学生提供了学习的榜样和动力，有助于形成积极向上的校园文化氛围，进一步推动劳动教育的深入实施。

（二）高职业素养学生的优势和特点

在劳动教育中，具有高职业素养的学生展现出了明显的优势和特点。首先，这些学生通常拥有较强的专业技能和实践能力，能够快速适应劳动任务，有效解决实际问题。这意味着，无论是参与复杂的技术操作、工程建设，还是简单的日常维护工作，他们都能够凭借自身的知识和技能，迅速找到最合适的解决方案，确保劳动任务的顺利完成。这不仅提升了劳动效率，也增强了学生解决问题的能力，为他们将来面对职场挑战奠定了基础。

其次，他们在团队合作中表现出色，能够有效沟通、协调团队关系，提升团队的整体执行力和协作效率。在劳动教育的过程中，团队项目常常是必不可少的一部分。具有高职业素养的学生能够主动承担团队中的关键角色，通过良好的沟通技巧和团队管理能力，优化团队成员之间的工作分配，解决团队内部可能出现的冲突，确保项目目标的顺利实现。这种优秀的团队合作精神不仅有助于提高劳动效率和质量，而且还能够促进团队成员之间的相互学习和成长。

此外，高职业素养的学生还具有较强的职业道德观念，他们能够自觉遵守劳动纪律，尊重劳动成果，展现出良好的职业操守。在劳动过程中，这些学生始终坚持诚实守信，公平竞争的原则，他们重视劳动安全，关注环境保护，尊重他人的劳动成果，不抄袭、不剽窃。这种高尚的职业道德观念和行为标准，不仅为他们个人赢得了尊重和认可，也为整个劳动教育活动发挥了良好的示范作用。

实践能力的提升意味着学生能够将理论知识成功转化为解决实际问题的能力，这是高职教育最为重视的成果之一。同时，良好的职业道德不仅有助于学生个人品质的提升，更是确保社会和谐发展的基石。在劳动教育过程中，学生通过亲身体验和实践学习，对职业道德有了更深刻的理解和认识，为他们今后进入社会工作奠定了坚实的基础。

这种教育模式的成功实施，不仅对学生个人发展有重大意义，对于整个社会来说也是一项宝贵的投资。高素质的技术技能人才的培养，直接促进了社会生产力的提高和经济的发展，同时也有助于提升社会整体的文明水平。在这个过程中，劳动教育起到了桥梁和纽带的作用，不仅加深了学生对职业的理解，也增强了他们对社会责任的认识，使他们成为了社会进步的积极推动者。

因此，高职院校应当继续强化劳动教育的实施，创新劳动教育的方式方法，充分发挥高职业素养学生的示范作用，进一步提升教育质量，培养出更多能够适应社会发展需要的高素质技术技能人才。

二、职业素养促进劳动教育实施的路径

在高职教育中，劳动教育不仅仅是传授技能和知识的过程，它更是一种全面提升学生职业素养的机会。实施劳动教育的关键之一在于如何有效地将职业素养的培养融入到劳动教育中，从而提升教育的整体效果。以下将通过案例分析和对教育路径的探

讨，展示职业素养如何促进劳动教育实施的具体作用，并讨论通过提升学生职业素养，如何优化劳动教育课程设计、教学方法和评价机制。

（一）通过案例分析展示职业素养的作用

以“环境美化项目”为例，一所高职院校的学生被分配到校园的不同区域，负责区域内的清洁和美化工作。这一项目不仅是一个简单的劳动活动，而是一个综合性的学习和实践机会，使得学生能够将课堂上学到的理论知识应用到实际中去，同时培养他们的职业素养。

在这个过程中，学生不仅需要运用到他们的专业知识，比如园林设计专业的学生负责设计绿化方案，环境工程专业的学生负责废物处理方案的制定，还要将自己的专业技能应用到实际工作中，例如，园林设计专业的学生需要根据校园的具体布局和环境特点，设计科学、美观、可持续的绿化方案；环境工程专业的学生则需评估现场废物处理的需求，制定有效的废物管理和回收方案，确保项目的环保性和可持续性。

此外，这个项目还要求学生展现出良好的团队合作能力和项目管理能力。由于项目的完成需要不同专业知识的结合和多个环节的协同工作，学生必须学会如何在团队中有效沟通、分配任务、解决冲突，并共同努力以实现项目目标。这不仅是对学生专业技能的一次实践，更是对他们团队合作能力、领导力和项目管理能力的一次重要锻炼。

通过这样的劳动教育实践，学生的专业技能得到了应用和提升，同时，团队合作、项目管理等职业素养也在实践中得到了锻炼和提高。例如，学生学会了如何根据项目需求，制定实施计划，调整策略应对突发情况，以及如何评估项目成果，从中汲取经验教训。

最终，这个项目不仅美化了校园环境，也提高了学生的职业素养，展示了职业素养在提升劳动教育成效中的具体作用。通过参与这一项目，学生不仅对自己的专业领域有了更深的理解，也对如何在实际工作中应用这些知识有了更为清晰的认识。更重要的是，学生通过这一过程，学会了如何在团队中合作，如何管理一个项目，这些经验和能力对他们未来的职业生涯无疑是非常宝贵的。

（二）优化劳动教育课程设计

为了进一步提升学生的职业素养，高职院校可以从课程设计入手。这一策略的核心是确保教育内容不仅反映了最新的行业趋势，而且也满足了社会的需求，从而为学生提供了一个实践和学习并重的教育环境。

首先，课程内容需要与时俱进，紧跟行业发展和社会需求的变化，确保学生能学习到最新的知识和技能。这意味着课程不仅要包含最前沿的技术和理论，还要反映当前行业面临的挑战和解决方案。例如，随着绿色能源和可持续发展成为全球趋势，相关专业的课程设计应加强这方面的内容，使学生能够掌握绿色技术和可持续发展策略。

其次，课程设计应强调实践性和综合性。通过案例分析、项目驱动等教学方法，让学生在解决实际问题的过程中提升职业素养。实践性学习可以通过实验室实践、模拟工作场景等形式进行，这些方法能够让学生在实际操作中学习和应用新知识。综合性学习则通过跨学科项目和团队协作任务，促使学生运用来自不同学科的知识解决问题，从而培养他们的综合思维能力。

此外，跨专业的课程设计也是提升职业素养的有效途径，通过不同专业的知识融合，培养学生的综合解决问题的能力。例如，一个结合了环境科学、工程技术和商业管理的课程项目，可以让学生从多个角度分析和解决环境问题，不仅提高了他们的专业技能，也锻炼了他们的跨学科协作能力和项目管理能力。

（三）改进教学方法和评价机制

在教学方法上，采用服务学习等以学生为中心的教学模式，可以更好地激发学生的主动性和创造性，促进职业素养的提升。服务学习作为一种将学习与社区服务相结合的教学方法，能够极大地提升学生的社会责任感和职业道德。通过参与社区服务项目，学生不仅能够将所学知识应用到实践中，还能在服务过程中培养职业道德和社会责任感。例如，护理专业的学生通过参与社区健康普查项目，不仅能够实践他们的医疗知识，同时也能够加深对于社会公益的理解和承诺。

评价机制的改进也是提升劳动教育效果的关键环节。除了传统的知识和技能考核外，还应当引入对学生职业素养的评价，如团队协作能力、问题解决能力、职业道德等。这要求教育评价体系能够更全面地反映学生的学习成果，不仅关注知识掌握程度，还要关注学生职业素养的发展。例如，通过小组项目的完成情况来评价团队合作能力，通过实际问题解决过程来评价学生的创新思维和问题解决能力，以及通过社区服务的参与程度来评价学生的社会责任感和职业道德。

这样的评价机制不仅能够促进学生全面发展，还能够鼓励学生更积极地参与到劳动教育中来。通过将学生的学习过程与实际工作场景相结合，高职院校可以为学生提供一个更加丰富和实用的学习环境，从而更好地为他们即将到来的职业生涯做准备。

通过上述路径，可以看出，职业素养的提升与劳动教育的实施是相辅相成的。高职院校通过优化课程设计、改进教学方法和评价机制，不仅能够提升学生的职业素养，还能够通过职业素养的提升来促进劳动教育的有效实施，从而培养出更多适应社会发展需求的高素质技术技能人才。

三、实践策略和建议

为了加强劳动教育的实效并通过职业素养的培养优化教育过程，高职院校可以采取一系列针对性的策略。这些策略旨在更紧密地结合理论与实践，确保学生能够在实际工作中运用所学知识，并在此过程中提升其职业素养。以下是一些推荐的实践策略和建议：

（一）创新劳动教育方式

社会实践活动则是将学生引导至校园外的社会环境中，通过参与社区服务、志愿活动和社会调查研究等，使学生在服务社会的同时，提升自身的社会责任感和职业道德。这类活动不仅能够帮助学生增强对社会问题的认识，还能够提供与人交流、协作的平台，特别是与不同背景和文化的人合作，这对于培养学生的跨文化沟通能力极为重要。例如，通过参与到贫困地区的支教活动中，学生不仅能够为当地的教育事业做出贡献，还能学习如何在资源有限的环境下创造性地解决问题，如何与不同年龄和背景的人沟通交流。这些经历不仅丰富了学生的社会实践经验，更重要的是培养了他们的社会责任感、团队协作能力和解决问题的能力。

通过社会实践活动，学生不仅能够在专业领域获得实践经验，更能够在实际操作中培养出解决复杂问题的能力、团队协作能力，以及强烈的社会责任感和职业道德观。这些都是当今社会对学生的基本要求，通过这样的实践策略，可以有效地提升学生的职业素养，为他们将来的职业发展奠定坚实的基础。

（二）以职业素养提升为导向的教育方法

综合素质教育在高职劳动教育中占据着不可忽视的地位，它不仅补充了专业教育的不足，还全面提升了学生的职业竞争力。通过开设与沟通能力、团队协作能力、创新思维等相关的课程，高职院校能够帮助学生在这些关键能力上取得显著进步。例如，沟通技巧课程可以通过模拟真实的商务谈判、团队会议等场景，教授学生有效的沟通策略和技巧。此外，通过组织研讨会和工作坊，学生有机会与行业专家直接交流，从而获得宝贵的实践经验和行业洞见，这些都是他们未来职业生涯中不可或缺的技能。

个性化发展路径的设计则体现了高职教育对学生个体差异的重视。高职院校通过提供个性化的学习计划和职业规划指导，能够让每位学生根据自己的兴趣、能力和职业目标，选择最合适的学习路径。这种个性化的教育方式不仅可以提高学生的学习动力和满意度，还能够使他们更加明确自己的职业发展方向。例如，对于对创业感兴趣的学生，高职院校可以提供创业相关的课程和实践机会，如创业孵化项目、创业竞赛等，帮助他们在学习期间就开始积累创业经验和资源。

通过实施综合素质教育和个性化发展路径，高职院校不仅能够培养学生的专业技能，还能够全面提升他们的综合素质和个人能力，为学生的未来职业生涯提供坚实的基础。这样的教育模式不仅符合当今社会对高素质技术技能人才的需求，也能够帮助学生实现个人价值和职业目标。

第二节　劳动教育与职业素养融合的必要性

在当前的职业教育背景下，单纯的知识传授已经无法满足社会对高素质技术技能人才的需求。因此，如何通过劳动教育有效地融合职业素养的培养，提升学生的实践能力、创新能力和团队协作能力，成为了高职教育改革的重要内容。

在高职教育中，劳动教育与职业素养的融合不仅是一种教育模式的创新，更是培养学生适应未来职场、增强实践与创新能力、塑造完整职业形象的重要途径。

一、提升职业适应性

劳动教育与职业素养的融合在高职教育中起着至关重要的作用，它不仅为学生提供了一个学习和实践并重的平台，更是一个让学生为未来职场做好充分准备的重要途径。这种教育模式强调将理论知识与实践技能相结合，使学生在掌握专业知识的同时，也能够学会如何将这些知识和技能应用到实际的工作中去。这种应用不仅包括专业技能的运用，更重要的是能够培养学生面对不同工作情境时的适应能力和解决问题的能力。

通过参与真实或模拟的工作项目，学生有机会直接接触到职场环境，这种体验使他们能够从多个角度了解行业的最新动态和工作要求。例如，通过参与一个与企业合作的项目，学生不仅能够学习到如何在团队中有效沟通和协作，还能够了解到企业对于新技术的应用、项目管理的策略以及如何在压力下维持高效的工作状态等实际工作中非常重要的技能。这些经验对于学生来说是极其宝贵的，它们能够使学生在未来进入职场时，能够更快地适应工作环境，提高工作效率。

此外，这种教育模式通过模拟职场的工作项目，让学生提前体验到未来工作的节奏和氛围，从而有效地缩短了他们从学校到职场的过渡期。学生在参与这些项目的过程中，不仅能够提前熟悉职场的工作模式和企业文化，还能够在实践中发现自己的不足，及时调整和提升自己的职业技能和综合素质。这种过渡期的缩短对于学生来说意味着他们能够更快地融入到未来的工作中去，减少职场初期的摸索时间，提高工作效率和成就感。

总而言之，劳动教育与职业素养的融合为高职学生提供了一个宝贵的学习和成长平台。它不仅让学生能够在实践中深化专业知识，更重要的是培养了他们面对职场挑战时的适应能力和解决问题的能力。通过这种教育模式，学生能够更加自信和从容地面对未来的职业生涯，为自己的成功职业道路打下坚实的基础。

二、增强实践与创新能力

融合教育模式，在高职劳动教育中尤其强调将劳动实践与职业素养培养紧密结合，从而在真实或模拟的工作场景中锻炼学生的创新思维和操作能力。这种模式可以深刻理解到仅有的理论知识远远不足以应对快速发展和不断变化的职场环境，实践能力和创新思维的培养同样重要。

通过解决实际工作中遇到的问题，学生不仅可以将课堂上学到的理论知识应用到实际情境中，更能在实践操作中发现问题、分析问题并解决问题，这一过程有效提升了他们对专业知识的深入理解能力和应用能力。在面对工作中的复杂问题时，学生被鼓励采用创新的思维方式，跳出传统框架，寻找新的解决方案。这种对创新能力的培养，不仅限于技术创新，更包括管理创新、流程创新等多方面的能力提升。

以参与企业合作项目为例，这种合作模式为学生提供了一个近似职场的实践平台，让他们有机会参与到企业的实际项目中，如新产品的研发、旧产品的改进、工作流程的优化等。在这个过程中，学生需要运用所学的专业知识，结合项目实际情况，进行创新性思考和实践操作。面对市场需求的变化，学生可能需要设计一款新的产品来满足消费者的需求，这不仅考验了学生的专业技能，更考验了他们对市场趋势的理解、创新设计的能力以及团队协作和项目管理的能力。

此外，这种融合教育模式还能够培养学生的勇于尝试的精神。在面对新的挑战和未知的问题时，勇于尝试、不畏失败成为了推动学生不断前进的重要动力。

三、塑造完整的职业形象

劳动教育与职业素养的融合对于塑造学生的职业道德和责任感具有深远的影响。在高职教育中，通过将学生置于劳动实践和社会服务的实际场景中，他们不仅能够直观地感受到职业道德在工作中的应用，而且还能在实践活动中体会到承担责任的重要性。这种教育方式有效地帮助学生建立起正确的职业观和价值观，为其未来的职业生涯奠定坚实的道德基础。

社会服务活动，则提供了一个让学生将专业知识和技能服务于社区、服务于公众的平台。例如，通过参与环境保护项目或老年人关怀活动，学生不仅能够为社区贡献自己的力量，还能够深刻理解社会责任的意义，学习在团队中共同协作解决问题的方法。这些经历有助于学生建立起积极向上的职业形象，成为社会所需的、具有高度职业道德观念和强烈社会责任感的人才。

此外，通过这些劳动实践和社会服务活动，学生还能学习如何在面对挑战和困难时保持乐观和积极的态度，这对于未来职场中遇到各种挑战时能够保持韧性、积极寻找解决方案具有重要意义。这些都是构成良好职业形象的重要组成部分，对于学生个人职业生涯的成功发展至关重要。

综上所述，劳动教育与职业素养的融合通过实践活动不仅能够有效培养学生的职业技能，更重要的是能够塑造学生的职业道德和责任感，为其成为社会所需的高素质人才打下坚实的基础。

第五章　高职劳动教育助推学生职业素养养成的途径研究

第一节　课程体系建设

在高职教育领域，课程的构建和改革是一个从初步概念到具体实施，再到系统完善的过程。虽然我国的高职教育中已有专家和学者围绕职业素养提出了一系列理念，也有教育工作者受到这些理念的启发进行了课程的部分改革和尝试，但将职业素养的整体构成作为观察和设计课程结构的方面，进行宏观的结构性改革和人才培养方案的全面设计，在实践中还相对较少。因此，本部分将聚焦于课程构建，旨在探索有效提升高职院校学生职业素养的策略和方法。

一、基于职业素养教育的高职课程内涵与构成要素

职业素养导向的教育远不同于一般的素质教育或是简单地将基础教育的素质教育概念直接应用于职业教育。它基于所有职业所需的通用素质，重点在于培养特定职业及岗位群需要的专业素质，并将发展性素质纳入考量，旨在全面提升学生为职业生涯发展所需的综合素质。这一教育理念，是将通识教育和专业教育整合的教育思想，其核心在于超越仅关注知识和能力的教学内容，具体展现在以下几个方面。

（一）取向与目标

高职教育的目标是培养具有高素质、技术技能型的复合人才。在现代社会，所需的不仅是技术熟练的“机械人”，而是具备独立思考能力、个性和特长的成长型人才。这种人才能够跨学科学习，具备知识转移能力。实现这一目标，需要课程内容与形式的交叉融合。

高职教育所追求的高素质技能型人才目标，基于知识、能力和人格品质的综合集成。缺乏知识基础，技能和能力的培养就会成为无基础的空中楼阁；没有基础知识，学生的情感态度、价值观和人格品质的培养也将缺乏认知来源。因此，知识不仅是能力和人格培养的基础，也是素质形成的重要组成部分。同时，高职教育的职业特性要求我们高度重视职业技能和能力的培养，这是区别于其他教育形态的根本。高职教育必须重视学生职业技能和能力的培养，将职业知识学习和职业能力培养有机结合，共同促进学生职业综合素质的提升。

此外，作为社会人的高职学生，不仅需要稳定正确的世界观、人生观和价值观，合格的道德品质和良好的兴趣爱好，以健康地成长，他们还需要具备特定职业所需的职业道德、职业意识和职业价值观。只有这样，高职教育培养的人才才能全面、健康地发展。因此，以职业素养为核心的高职课程，目标是树立全面考量的理念，集成构建课程体系和内容，综合培养学生的能力和人格。

（二）体系与结构

课程体系构成了高职教育的核心框架，它是根据特定的功能、结构和相关性，将知识、技能和经验有序组织起来的系统。一个高效的课程体系应当具备整体性和关联性这两个基本特征。同时，课程结构作为课程体系的支撑，关注于不同课程内容之间的配合与组织，包括学科门类的分布、各学科内容的比重、必修与选修课程的安排等方面。

目前，我国高等教育中的课程体系多采取文化基础课、专业基础课和专业核心课三个层次的结构。这种分层有其内在逻辑和价值，但实际操作中经常出现各层次课程之间衔接不紧密、选修课程选择范围有限、课程设置缺乏灵活性等问题。为了更好地融合职业素养教育，高职课程体系需要在完善学分管理的基础上，根据高职教育的培养目标、社会对职业技术人才的素质要求、学校特色及学生的个性化发展等因素，精心选配和整合相关课程，并合理分配学分，以便学生能在教师指导下进行有目的的选择。

在这一过程中，学生的选择不应是盲目的，而应基于对国家和地方经济发展需求、行业技术进步以及个人学习基础、兴趣、职业规划等因素的充分考虑，优化利用学校的师资、设备和管理资源，进行最优选择。通过设计通识教育课程、专业课程和个人发展课程等模块化课程体系，实现刚性需求和灵活机制的结合，才能恰当地安排专业课程与人文课程、理论课程与实践课程、校内课程与校外课程、必修课程与选修课程的比例，平衡不同学科和专业课程之间的关系，避免内容的冗杂或遗漏，确保课程设置能最大限度地促进学生个人综合素质的提升。

（三）组织与实施

课程的实施是一个涉及师生双向互动的过程，它不仅需要师生的共同参与，而且要动员多方资源协同作用。在这一过程中，学生能够有效地构建自己独特的知识和技能体系，深入体验教学中的情感价值，从而实质性地提升自身素质。

随着高职教育的持续进步和产教融合的加深，校企合作和工学结合已成为职业教育发展的关键路径。这不仅是职业教育独特的外在特色，也是其内在发展的必然要求。在职业素养教育引领下，高职课程应基于“模块化”体系结构，采用“项目化”形式进行课程组织，通过工作过程和问题导向来激发项目实施，进而推动实际生产和教学问题的发现、解决与创新。课程的成功实施依赖于优质的师资力量，需要通过校企导师的互聘互认机制，共同参与课程资源的开发、管理和实施。同时，应广泛采用案例分析、仿真模拟、行动导向等教学方法，促进小组学习和团队协作，让学生在实际操作中学习和成长。

（四）管理与评价

课程评价机制涉及根据既定标准，通过特定手段对课程构建、实施过程及成效进行全面评估。这一机制旨在验证课程设计和实施是否达到了人才培养的目标，是否实现了预期效果。以职业素养为导向的高职课程，旨在培养全面发展的“人”，强调促进每个学生的全面成长。因此，评价应本着“以人为本”的原则，尊重学习者的个性差异和需求，立足于学生的长期职业发展，最大化地实现每个学生的自我价值和成长。

课程评价的主体和内容应当是多元和立体的，涉及各方的共同参与、协作和支持。多元化评价应包括多样的评价主体、多层次的评价内容、多种评价方式、恰当的评价时机和系统的评价标准。评价的多元化特征体现在：（1）评价主体的多样性，包括教师、学生、行业专家、家长等，他们通过沟通和交流，共同达成评价结果的共识；（2）评价内容的多层次性，立足于学生成长的发展性评价，既关注专业技能的掌握，也综合考量学生的文化素质和个性发展；（3）评价标准、方法的多样性，结合定量和定性评价方法，重视理论与实践的结合，强调过程与结果的平衡，以及学业成绩与学习态度的综合评价，构建一个以综合诊断、指导和激励为一体的评价体系。

二、基于职业素养教育的高职课程建构模型

“校企合作与工学结合”成为了高职教育课程教学改革的关键策略和发展方向，也是课程构建与实践的核心路径。国际上许多成功的职业教育模式，例如MES、CBE、BTEC、TAFE、双元制以及基于工作过程的学习等，都深刻体现了校企合作的重要性。这些模式通过企业的直接参与和专家的引入，极大地提升了课程体系的构建质量和教学成效。

因此，在构建以职业素养为核心的高职课程时，从一开始就应当建立校企之间的紧密联系，通过双方的有效对接来推进课程体系的建立、内容的挑选及评估方式的设定。这种合作不仅有助于确保课程内容的实用性和前瞻性，还能够为学生提供更多接触实际工作环境的机会，从而更有效地促进学生职业素养的形成和发展。

（一）平台支持：构建基于“全价值链”的“1+1+n”校企联盟

在推进高职劳动教育和学生职业素养养成的过程中，“校企合作与工学结合”成为了核心策略和发展的关键。这一路径不仅代表着教育改革的方向，也是课程设计与实践的基本要求。观察国际上成功的职业教育模式，如MES、CBE、BTEC、TAFE和双元制等，我们发现这些模式的成功，很大程度上得益于校企合作的深度融合。这种合作模式通过引入企业专家的参与，显著提升了课程内容的实用性和教学效果。

面对我国制造业发展的新要求，即培养具备高水平技术技能的“大国工匠”，以及提升整体制造业水平，高职教育和产业发展紧密结合成为了必然趋势。产业的发展依赖于产业链各环节的协同进步。当前，我国高职教育在服务产业发展方面仍存在一定的不足，校企合作在很多情况下还停留在较为表面的合作阶段。因此，构建基于“全价值链”的“1+1+n”（如图5-1）校企联盟，对于促进高职教育和产业深度融合，具有重要意义。

“全价值链”概念的提出，是为了更全面地考虑企业价值链的各个环节，通过整合企业内外部价值链系统中的价值创造和转移过程，使整体价值最大化。将这一概念

应用于高职教育，意味着在教育模式中融入产业发展的全景视角，通过建立“1+1+n”的校企战略联盟模式，即一个职业院校，一个龙头企业，加上多个上下游企业和相关专业，共同参与到人才培养过程中。

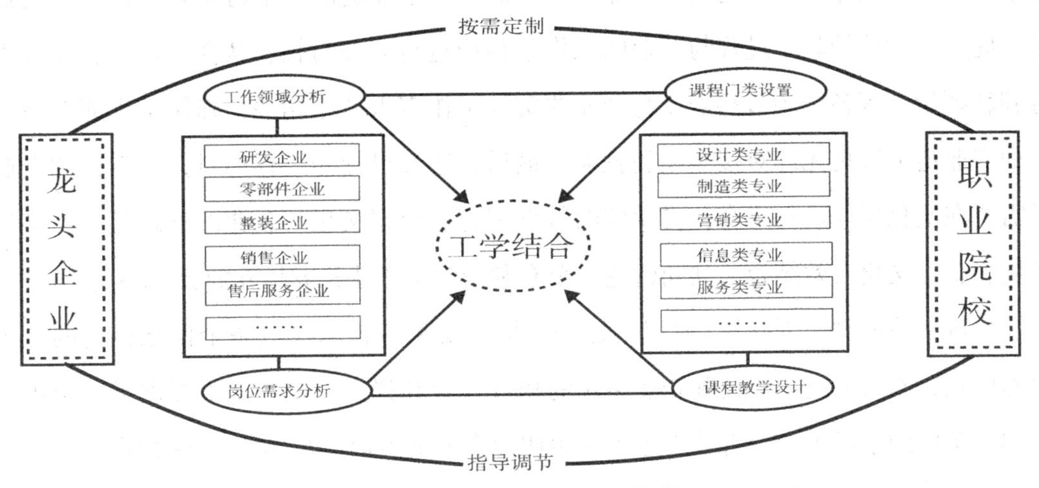

图 5-1 全价值链“1+1+n”校企联盟模式示意图

这种联盟模式的核心在于统一产业链上下游的理念，全程参与人才培养，从而形成一种整体的优势效应，实现格式塔理论中“整体大于部分之和”的效果。通过这种紧密的校企合作，学生不仅能够深入了解产业文化，还能在学习过程中逐渐建立对企业产品标准的认同和服务理念的认同，从而为产业培养出真正符合需求的综合型人才。

在这种“1+1+n”校企联盟模式下，进一步深化校企合作，共同研发技术，服务社会，将成为自然而然的过程，为产业发展升级解决“人才问题”，推动产业和教育的共赢发展。

（二）体系建构：以课程为支点形成“333”人才培养模式

在全价值链背景下的校企联盟模式，通过实施“三对接”“三课程”“三证书”的策略，实现对学生人才培养的全员参与、全过程管理和全方位覆盖，形成了一种综合的“333”人才培养新模式。这里的“三对接”包括学校与企业的培养目标、培养过程和文化理念的紧密对接；“三课程”涵盖了学校的基础通用课程、企业特定的定制课程以及针对特定岗位的个性化课程；而“三证书”则指学生通过学习可以获得的学历证书、职业资格证书和特定岗位的能级证书。

1. 统一理念：深化“目标、过程、文化”的三重对接机制

所谓的“三对接”，即是将学校的人才培养目标与企业的人才需求紧密对接，确保学校培养的人才既能满足龙头企业的直接需求，也能适应上下游企业群体的广泛需求。此外，学校的教学过程与企业的工作过程应进行有效对接，从课程设置、实践训练到教师指导等各个环节都需要与企业的实际工作需求紧密相关，确保学生能够在相应的产业链上实现无缝对接和顺利就业。最后，通过目标和过程的对接，学校和企业还需要在文化层面进行融合，将学校的教育理念、校园文化与企业的管理模式、工作环境和企业文化有效结合，共同营造一个有利于学生职业素养培养的教育环境。

通过上述的“三对接”，可以构建一个既满足产业需求又具备个性化特色的人才培养模式，不仅促进了学校和企业文化的相互融合和提升，也为学生提供了一个更为广阔和实用的学习平台，有效推进了学生职业素养的养成。具体如图 5-2 所示。

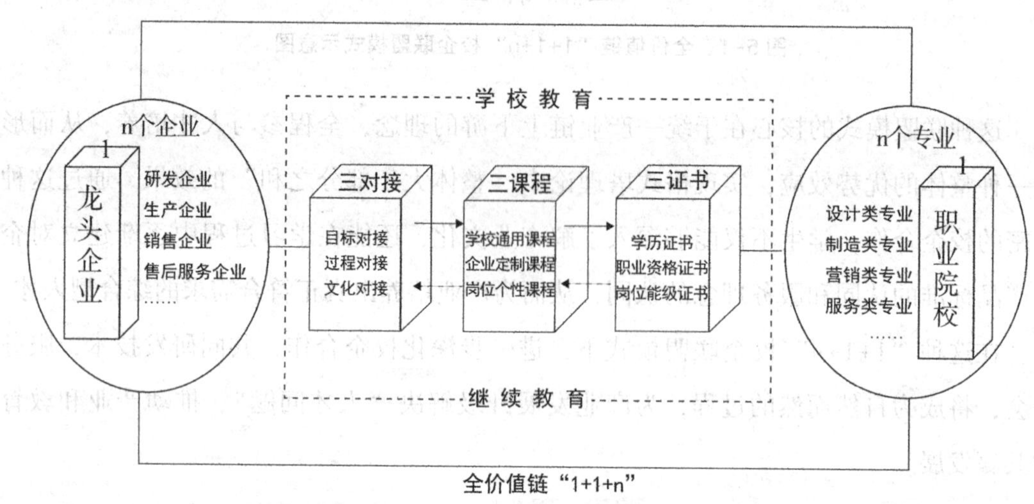

图 5-2　深化目标—过程—文化“三对接”示意图

(1) 学校人才培养目标与企业人才需求目标对接

在高职劳动教育中，将学校的人才培养目标与企业的人才需求目标进行有效对接是关键。这不仅要求教育管理者和教师对于职业教育的方向和改革有清晰的认识，也意味着将课程理念和目标转化为实际教学过程中的指导原则。就如同灯塔为海上航行的船只指引方向，教育理念和目标指引着职业教育的发展方向。

人的素质构成包括知识结构、能力结构和人格品质结构，这三者构成了一个有机整体。在职业教育中，职业素养则是职业知识、职业能力以及职业态度、情感和品质

等要素的综合体现。因此，高职教育的课程目标可以分为知识目标、能力目标和人格目标三个方面。

①知识目标：涵盖学生应掌握的基础文化知识、专业知识、对其持续发展有益的人文知识、创新创造知识以及自主学习、自我管理等方面的知识。这些知识点围绕着教育的“四个学会”——认知学习、实践操作、社会互动和生存技能。

②能力目标：指学生应具备的社会适应、职业工作、职业竞争和职业生涯发展所需的技能和能力。包括基础的沟通能力、人际交往与合作能力、思维能力、实践能力、创造能力、就业创业能力，以及应用知识解决问题的能力。

③人格目标：旨在学生形成良好的道德品质、个性以及职业态度、情感，同时包括世界观、人生观和价值观的培养。这些目标均被纳入教育的“四个学会”之内。

完善的课程体系应当将人的全面发展所需的知识、能力和人格有机整合到课程设计中，以实现培养全面发展的个体为最终目标。只有这样，高职教育才能真正达到育人成才的目的，为学生职业生涯的成功奠定坚实基础。

（2）学习过程与工作过程对接

在高职教育中，学习过程与工作过程的紧密对接是解决“毕业即失业”难题的关键。目前，我国面临的一个显著挑战是高校毕业生就业与企业人才需求之间存在的不匹配问题，即“人找不到工作，工作找不到人”的矛盾。这种矛盾的核心在于人岗不适应。因此，校企合作的主要目的应聚焦于人才培养，旨在培养既符合市场需求又具备适岗能力的人才。

为此，职业院校和企业之间需要建立更加紧密的合作关系，确保教育培养与企业需求之间的有效衔接。通过寻找校企双方的共同利益点，加强校企之间的战略联盟，不仅可以提升职业院校的教育质量，还能确保学生毕业后具备较强的岗位适应性和创新能力，从而更好地满足企业的人才需求。

在这一过程中，学校和企业形成了一种特殊的供需关系，其中学校是人才的供应方，而企业则是需求方。职业院校应以企业的人才需求为导向，定制化培养技术技能人才，从而提升学生的就业竞争力。同时，企业也应参与到职业院校的专业设置、课程设计、教学实践等人才培养全过程中，指导学校培养更符合企业需求的高素质人才，进一步提升企业的人才储备和经济效益。这种校企合作模式不仅有助于解决人才供需不匹配的问题，还能够推动高职教育和产业发展的共同进步。

(3) 学校文化与企业文化对接

职业教育正是“职业领域”与“教育领域”的结合体，这两个领域各自代表了不同的文化类别。职业领域的核心是企业的管理与生产活动，主要文化体现为企业文化；而教育领域的核心则是学校的教育教学活动，其文化主要围绕教学文化展开。这两种文化的融合与统一，包括企业与学校教学文化的融合，上下游企业对产品标准的统一，以及职业院校对企业管理文化、生产文化与教学文化的整合，对于职业教育来说至关重要。

构建以职业素养为核心的高职课程实质上是为了促进学生全面发展的课程体系建设。课程不仅是学生在学校学习的全部内容，也应该反映出校园的物质文化、制度文化和精神文化，促进学生的身心和职业生涯的持续发展。在构建这样的课程时，应当以学生的发展为中心，不仅需要考虑如何营造一个有利于学生发展的环境，还应将企业文化、职业文化和行业文化等融入课程设计中，让学生通过课程学习深刻感受到职业文化，培养对职业的认同和尊重。

校企合作在当前的高职教育中是强化与企业联系的重要方式，旨在通过提升学生的实践能力来加强学校特色和提升学校声誉；而企业则期待从职业院校中获得符合需求的人才。然而，由于双方合作意愿不一致，常常难以形成有效的合作模式。为了打破这一局面，建立健康、可持续的校企合作关系，双方需要基于对彼此价值的认同，以及对企业管理和生产文化和职业院校教学文化的有效整合为基础，推进深度合作。

在校企合作中，职业教育的核心目标是通过企业的管理、生产与职业院校教学的有效对接，以及产业内各企业对标准的统一，促进企业与学校之间的深入合作。通过这种合作，不仅可以提升学生的职业素养，还能为企业培养出更适应需求的人才，实现校企双方的共赢。

2. 内容架构：融合“学校通用课程、企业定制课程、岗位个性课程”三课程体系

构建高职教育课程体系的核心，在于遵循一定的教育价值观和目标，围绕学校的人才培养方向，系统性地组织各课程要素，以形成一个统一且有机的整体。这样的课程体系旨在全面指向和支撑人才培养目标的实现。

鉴于高职学生来源的多样性，课程体系的构建需要充分考虑学生的基础素质，并实现与高职教育的无缝衔接。这不仅包括普通高中与高职教育之间的衔接，也涉及中职教育与高职教育之间的连贯性，努力构建一个涵盖普通教育和职业教育、中职与高职教育的融合课程体系。此外，课程体系的设计还应考虑到学生的个性化需求及其未来的持续发展，为学生提供继续教育和终身学习的可能性，全面提升学生的文化和综合素质。

这里所提的“三课程”（如图 5-3）策略包括学校通用课程、企业定制课程和岗位个性课程。其中，“学校通用课程”侧重于培养学生的基本文化素质和职业通用能力，如社会生活常识、语言表达能力、计算能力等，为学生的职业知识学习和技能培养奠定基础；“企业定制课程”强调校企共同开发的专业核心课程，着重培养学生符合职业要求的特定技术技能；“岗位个性课程”则是围绕特定岗位的需求和学生个性化发展设立，培养学生的岗位技能。

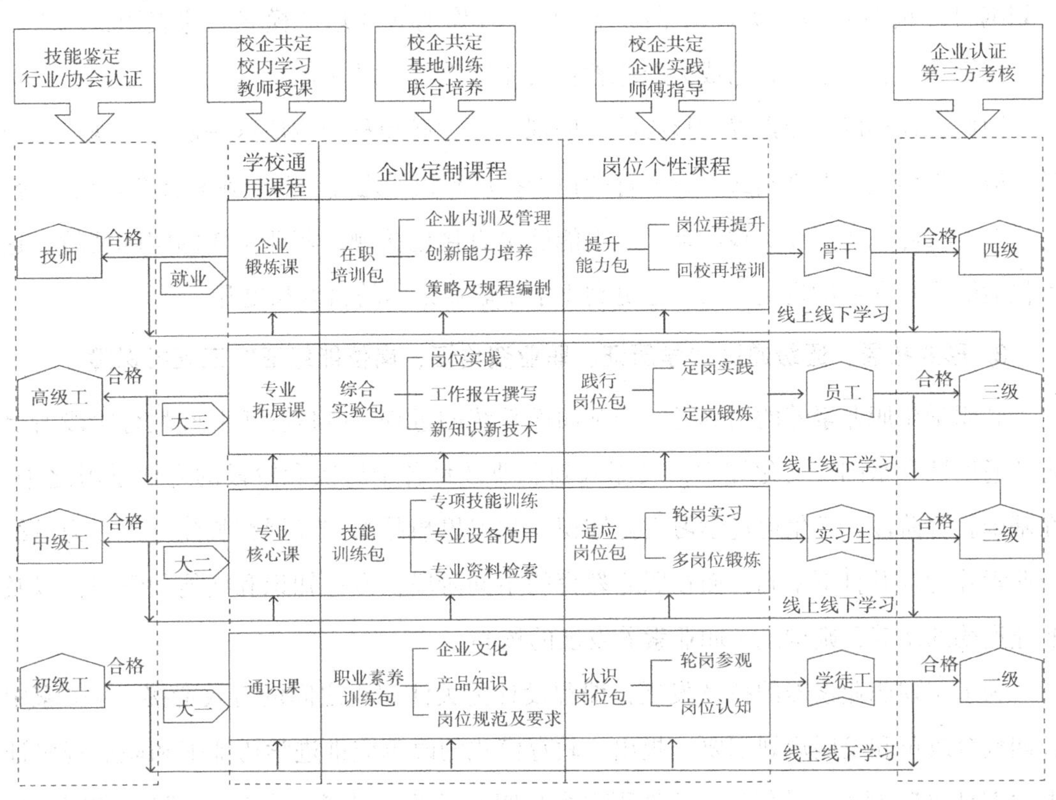

图 5-3　“三课程”建构示意图

通过这三类课程的有机结合，课程结构、内容和资源配置能够及时更新以适应产业和岗位的变化，按照层次性的实施路径，逐步提高学生的综合素养和技术技能。学生在完成各阶段学习后，可参与相关证书的考核，以实现从基础到高级的技能提升，促进学生的职业发展。

在传统职业教育的课程教学设计中，常见两种主要倾向：一种是偏重理论学科知识的授课模式，另一种则主要强调技能的实操训练。前者往往忽视了职业教育的应用性和实践性，而后者可能导致学生缺乏理论知识的深度和广度。这两种做法都难以有效促进学生的知识迁移和创新能力的发展。

随着我国高职教育的快速发展及产业不断更新升级，校企合作和工学结合逐渐成为适应社会发展需求的重要教育模式。它不仅体现了职业教育的特色，也是职业教育内涵发展的必要条件。《教育部关于全面提高高等职业教育教学质量的若干意见》强调了工学结合的重要性，并提出要加强学生的生产实习和社会实践，确保学生有充分的时间在企业等实际工作环境中进行顶岗实习。此外，《国家中长期教育改革和发展规划纲要》也明确提出实行工学结合、校企合作的人才培养模式。这表明，产教融合、校企合作、工学结合已成为职业教育人才培养的重要方向。

因此，建构以职业素养为核心的高职课程，就必须积极响应这一趋势。现代职业教育应打破传统的办学模式，将教育的视野扩展到校园之外，与企业和社会密切结合。通过企业实习、实训和实践活动，学生能够更直接地接触到职业工作的实际情境，这不仅能够增强学习的现实意义，也更利于学生职业素养的培养和提升。

3. 形式拓展：逐级递进“学历证、职业资格证、岗位能级证”三证书保障

高职学生职业素养的培养是一个全面而系统的过程，既依托于基础教育阶段所奠定的通用性和基础性文化知识，又深入到职业教育各个层次和阶段的专业学习之中。在基础教育阶段，学生通过学习文化知识、学习思想品德和发展特长爱好等，为后续职业素养的提升打下基础；而在职业教育的不同阶段，专业知识和技能的学习，以及职业道德的培养，则构成了职业素养发展的核心。

为了实现职业素养的持续发展，课程设计需关注课程之间的有效衔接。《国家中长期教育改革和发展规划纲要》提出，教育模式的改革应推进学历证书和职业资格证书“双证书”制度，并促进专业课程内容与职业标准的对接。这表明，建立和完善职业教育课程衔接体系，强化课程内容的实用性和适应性，是适应学生需求和职业发展需要的重要措施，也是构建高素质人才培养框架和现代职业教育体系的关键。

在实践中，某些高职院校已经开始探索“三证融通晋级机制”，即学历证书、职业资格证书和岗位能级证书的有机结合。通过将证书考核内容整合到常规课程中，以课程考试直接代替证书考试，学生可以在完成课程学习后直接获得相应的职业资格和岗位能级认证，从而避免了重复学习和考试的负担。这种做法不仅提高了学习效率，还促进了学生能力的实际应用和持续发展。通过与企业建立长效合作机制，学生毕业后还可以返回学校接受更高级别职业资格和能级证书的培训，为职业晋升和薪酬提升创造了条件。

这种“三证融通晋级机制”在“1+1+n”校企联盟模式下更能有效地促进学生的成长和技能提升，将学校教育与继续教育紧密衔接，为学生实现终身教育目标开辟了新的路径。

三、基于职业素养教育的高职课程开发流程

课程开发，在高职教育中，是一个涵盖系统分析、设计、编制、执行及评估各类或单一课程的综合过程，其核心受教育理念和人才培养目标的引导。基于职业素养教育的高职课程开发，超越了传统的“唯知识”“唯能力”的教学模式，以更为综合和应用导向的教育理念为指引，体现在以下几个方面的具体操作上。

（一）职业领域与工作任务分析

高职教育的课程设计需要紧密结合人力市场和产业企业对人才的实际需求。这要求教育者基于当前的社会经济和产业发展趋势，确立专业设立和课程发展的方向，将产业发展的核心需求融入到专业和课程改革中。通过将最新的技术进展、生产流程、工艺改进及新方法整合入课程内容，以及根据企业对劳动者知识、技能和人格等多方面质量的要求进行即时的专业和课程调整，真正实现教育内容与社会需求的对接，促进学生的顺利就业和持续发展。

通过对职业领域特性的深入分析，将职业教育专业与实际工作岗位紧密相连，采用问卷调查、访谈、头脑风暴及比较分析等方法，从中筛选出代表性的典型工作任务。这些典型任务通常具备较高的代表性和普遍性，为课程开发提供了实质性的工作基准和参考。

基于职业素养教育的高职课程开发不仅注重知识的传授和技能的培养，更重视学生综合素养的提升，确保教育内容与职业实践紧密结合，以应对不断变化的社会和产业需求，培养具备高度职业适应性和创新能力的高素质技术技能人才。

（二）教学需求与学习者特征分析

高职学生的职业素养培养是基于对教学需求和学习者特性的深入分析的一个系统性项目。考虑到高职学生相对于普通高等教育学生可能存在的学业基础、知能水平和综合素质差异，课程设计必须综合考量学生的知识背景、能力差异和个性发展，实现教学内容的个性化和差异化。

在设计高职课程时，关注学生的学习风格和动机是关键。学习风格反映了学生在受到教育的过程中形成的个性化学习策略，而学习动机是推动学生积极参与学习过程的内在动力。理解学生的学习风格和动机有助于课程设计更好地满足学生的学习需求，促进学生从被动接受知识向主动探索知识的转变。

（三）“工学转换”设置课程内容

课程内容设计需跨越工作与学习、“教育”与“职业”的界限，将职业实践中的内容转化为符合职业教育规律和学生学习特点的课程内容，如将企业的工作环境、项目任务转换为教学实训的内容，使课程更具应用性和实践性。

（四）“项目制—过程化—情景式”课程教学设计

采用情境学习理念，通过项目驱动的教学方式，让学习过程模拟真实的职业场景，增强学生的体验感和参与度。学生在小组合作中担任不同角色，通过分工合作完成项目任务，不仅锻炼了专业技能，还提升了团队协作能力和问题解决能力，实现了从学校到职场的顺利过渡。

综上所述，高职教育的课程开发需要紧密结合学生特点和职业需求，通过“工学转换”和项目化教学，激发学生的学习兴趣和职业激情，促进其职业素养的全面提升。

第二节　实践教学环节的优化

一、实践教学的重要性

（一）职业素养的实践基础

实践教学在高职劳动教育中占据着举足轻重的地位，它是培养学生职业技能和职业道德的重要手段。通过实际操作，学生可以将理论知识运用到实际工作中，从而更好地理解和掌握职业技能。这种教学方式使学生能够在实践中不断尝试、摸索，从而将理论知识内化为自身能力，为未来的职业生涯打下坚实基础。

此外，实践教学还可以帮助学生养成良好的工作习惯和职业道德。在实践过程中，学生需要遵守工作规程，遵循职业道德，尊重团队成员，确保工作质量。这些经历有助于培养学生严谨的工作态度、高度的责任心和良好的团队协作精神。通过实践教学的磨砺，学生能够在步入职场后迅速适应工作环境，成为一名具备职业素养的优秀员工。

为了更好地推进学生职业素养的养成，高职教育应加大实践教学的比重，与企业紧密合作，搭建实践平台。学校可以邀请企业专家来校授课，让学生了解企业真实需求；同时，学校还可以与企业共同开展产学研项目，让学生在实际项目中锻炼自己的能力。此外，学校应鼓励学生参加职业技能竞赛，以赛促学，提高学生的职业素养。

总之，实践教学在高职劳动教育推进学生职业素养养成中具有重要意义。通过实践，学生可以将理论知识与实际工作相结合，培养良好的工作习惯和职业道德，为未来的职业生涯做好充分准备。学校、企业应共同努力，为学生提供更多实践机会，助力他们成为具备高素质的技能型人才。

（二）理论与实践的结合

理论知识与实践教学相结合，是高职劳动教育推进学生职业素养养成的重要途径。这种结合有助于学生将所学知识内化为自身能力，提高他们的职业素养。

在实践教学中，学生可以将课堂上学到的理论知识运用到实际工作中。通过实际操作，学生可以更加深入地理解和掌握理论知识，从而在实际工作中更加得心应手。此外，实践教学中遇到的问题和挑战也可以激发学生进一步学习理论知识的兴趣，形成良性的学习循环。

实践教学还可以激发学生的学习兴趣，提高他们的学习积极性。在实践过程中，学生可以亲身感受到理论知识在实际工作中的价值，从而增强学习的动力。当学生看到自己的努力在实际工作中取得成果时，他们会更加自信，更加积极地投入到学习中。

为了更好地实现理论知识与实践教学的结合，高职教育应采取以下措施：

（1）加强实践教学环节，增加实践课时，让学生有更多机会将理论知识运用到实际工作中。

（2）教师在授课过程中，要注重理论与实践的结合，通过案例分析、实验演示等方式，让学生更好地理解和掌握理论知识。

（3）鼓励学生参加实习、实训等实践活动，让他们在实际工作中感受理论知识的重要性。

（4）建立产学研合作机制，与企业共同开展项目研究，让学生在实际项目中锻炼自己的能力。

（5）开展职业技能竞赛，以赛促学，提高学生的职业素养。

通过以上措施，高职教育可以更好地推进学生职业素养的养成，培养出更多具备高素质的技能型人才。在这个过程中，理论知识与实践教学相结合将发挥关键作用，助力学生实现自身价值的提升。

（三）与市场需求对接

实践教学在高职劳动教育中起着至关重要的作用，它可以帮助学生更好地适应职场需求和市场变化。通过实践，学生可以了解各个行业的发展动态和就业前景，从而有针对性地提升自己的职业素养。

在实践教学中，学生可以亲身参与实际工作，了解不同职业的工作内容和要求。这使得他们能够更准确地把握自己的职业发展方向，有针对性地提升自己的技能和知识。此外，通过实践，学生还可以了解各个行业的最新发展动态和趋势，为未来的职业发展做好准备。

除了提升职业技能外，实践教学还可以培养学生的团队协作能力、沟通能力和创新能力。在实践过程中，学生需要与团队成员密切合作，共同完成任务。这有助于培养他们的团队协作能力和沟通能力，提高他们与他人合作的效果。同时，实践教学中遇到的问题和挑战也可以激发学生的创新能力，培养他们独立思考和解决问题的能力。

为了更好地推进学生职业素养的养成，高职教育应采取以下措施：

（1）加强实践教学，提供更多实践机会，让学生能够亲身参与实际工作，了解职场需求和市场变化。

（2）与企业紧密合作，搭建实践平台，让学生能够接触到最新的行业动态和技术。

（3）鼓励学生参与团队项目和实践活动，培养他们的团队协作能力和沟通能力。

（4）创设创新实践环境，鼓励学生勇于尝试，培养他们的创新能力。

（5）强化实践教学与理论教学的衔接，让学生在实践中深化理论知识，提高职业素养。

通过以上措施，高职教育可以更好地推进学生职业素养的养成，培养出更多具备高素质的技能型人才。这些人才将能够更好地适应职场需求和市场变化，为我国的社会经济发展做出贡献。

二、当前实践教学存在的问题

（一）实践教学资源有限

在当前的高等职业教育体系中，实践教学被视为培养学生职业技能和专业素养的重要途径。然而，实践教学资源的分配不均衡、实验实训设施的落后问题制约了学生职业素养的提升。一些高职院校由于资金和场地的限制，难以提供足够的实践场所和先进设备。这直接导致学生的实践机会不足，影响了他们技能的实际操作能力和创新能力的培养。

（1）实践教学资源分配不均：高职院校之间，乃至同一院校不同专业之间的实践教学资源分配存在明显差异，部分热门专业可能得到较多的资源倾斜，而其他专业的实践教学条件则相对较差。

（2）实验实训设施落后：许多高职院校的实训设备更新不及时，与企业当前的技术标准和实际需求存在较大差距，这在一定程度上限制了学生技能水平的提升和创新能力的培养。

（二）教学内容与实际脱节

当前高等职业教育面临的一项重要挑战是教学内容与企业实际需求之间存在显著的脱节。很多专业课程的设置和教学内容依然沿用传统的、理论化的教学模式，这种模式忽视了对学生实际操作技能和实际工作场景适应能力的培养。结果，学生虽然掌握了大量理论知识，但往往发现自己在毕业后进入职场时难以满足企业对技能型人才的实际需求。

（1）专业课程与实际工作脱节：很多课程仍然专注于传授书本知识，缺乏与实际工作环境的紧密联系，使学生无法有效地将理论知识应用于实践中。

（2）缺乏实践机会：由于教学内容的理论化，加之实践教学资源的不足，学生缺乏足够的机会通过实习或实训来熟悉工作环境和提升技能。

这种教学模式的局限性对学生的职业发展和企业的人才招聘都产生了不利影响。

（1）学生就业困难：学生在校所学知识与企业实际需求之间的差距使得他们在求职过程中遇到重重困难，难以找到与自己专业对口且满意的工作。

（2）企业招聘挑战：企业在招聘过程中发现，很多应聘者虽然拥有高等教育背景，但缺乏必要的实际工作技能和经验，这增加了企业的培训成本和招聘难度。

（三）教学方法单一

在当前的高职教育体系中，实践教学方法的单一性和缺乏创新成为了教育改革的一个突出问题。尽管实践教学被普遍认为是职业教育中不可或缺的一环，但很多高职院校仍旧沿用传统的讲授式教学模式。在这种模式下，学生处于被动接受知识的位置，他们缺乏足够的机会去主动参与学习过程，探索未知，这直接限制了他们思维的拓展和创新能力的培养。

（1）传统讲授式教学的局限：这种教学模式侧重于知识的传递而非学生能力的培养，导致学生在解决实际问题时缺乏灵活性和创造性。

（2）学生参与度低：缺乏互动和参与机会，学生在学习过程中的主动性和积极性被大大削弱，影响了学习效果和兴趣的培养。

这种教学方法的局限性不仅影响了学生个人能力的发展，也影响了高职教育培养目标的实现：

（1）思维发展受限：学生缺乏批判性思维和创新能力的培养，难以适应快速变化的职业环境和解决复杂的实际问题。

（2）职业素养提升缓慢：由于缺乏实践和探究的机会，学生的职业素养全面提升受阻，这对他们未来的就业和职业发展造成不利影响。

三、实践教学环节优化策略

在高职教育中，为了推进学生职业素养的养成，优化实践教学环节显得尤为重要。以下策略旨在通过加强校企合作、更新实践教学资源、多元化实践教学方法以及建立反馈与评价机制，全面提升学生的实践能力和职业素养。

（一）加强校企合作的策略深化

1. 建立稳定的校企合作机制

在高职教育中，建立与企业的长期稳定合作关系是促进学生职业素养养成的关键。通过这种合作，学生有机会直接接触真实的职业场景并参与到实际的项目中去，从而使他们的学习过程与未来的职业生涯紧密相连。这种紧密的联系不仅让学生能够更好地理解和适应未来的工作环境，也为企业培养了符合其实际需求的人才。

（1）深化合作内容：合作不仅限于提供实习机会，还应该包括企业参与课程开发、职业技能培训、专业讲座和工作坊等。这样的合作模式有助于教育内容的及时更新，确保教育与行业标准和需求保持一致。

（2）建设双向沟通平台：建立校企双向沟通平台，确保教育与企业需求之间能够及时对接，同时收集企业反馈，不断调整和优化合作模式和教学内容。

2. 实施顶岗实习和企业导师制度

顶岗实习和企业导师制度是校企合作的重要组成部分，这两者相结合能够为学生提供宝贵的实践经验和个性化的指导。

（1）顶岗实习的优化：顶岗实习应当更加注重实习质量，确保学生能够参与到企业的真实项目中，进行实际操作和决策过程。实习岗位应与学生的专业知识和兴趣相匹配，以最大化他们的学习效果和职业发展。

（2）企业导师的角色强化：企业导师不仅提供专业技能的指导，还应帮助学生了解企业文化、职场礼仪和职业发展规划等。导师应当来自相关行业的资深专家，能够为学生提供真知灼见，帮助他们更快地适应职场环境和提升专业素养。

通过建立稳定的校企合作机制和实施顶岗实习与企业导师制度，高职院校能够为学生提供一个更加丰富、实际和个性化的学习环境。这不仅有利于学生职业技能和素养的全面发展，也为企业培养了更加符合需求的高技能人才。

（二）更新实践教学资源

为了适应快速发展的行业需求和技术进步，高职院校必须不断更新和丰富实践教学资源。这一策略旨在通过引入最新的行业技术和设备，以及建设多功能的实训基地，提升学生的专业技能，并激发他们的创新能力。

1. 引入行业前沿技术和设备

（1）持续投资：定期评估和更新实验实训设备，确保学校的实训资源能够跟上行业发展的步伐。这包括购置最新的软件、硬件和其他技术工具，以便学生能够在学习过程中使用最先进的技术。

（2）增强创新能力：通过接触和使用最新技术，学生不仅能够掌握当前行业的核心技能，还能够激发他们探索新知识、发展新思维的兴趣，从而培养创新能力。

2. 建设多功能实训基地

（1）开放式设计：设计开放式实验室和工作室，鼓励学生自由探索、合作学习。这些空间应充分利用自然光、灵活的布局和模块化设计，以创造一个有利于学习和创新的环境。

（2）跨学科实践平台：多功能实训基地应涵盖各个专业领域，提供跨学科的学习和实践机会。通过这种跨学科的接触，学生能够获得更广泛的知识视野，促进不同领域间的知识融合和技能交叉应用。

（3）实际项目应用：鼓励学生在这些基地中参与到真实项目的开发和实施中去，这样不仅能够提升他们解决实际问题的能力，还能够增强他们的项目管理和团队合作能力。

通过更新实践教学资源，高职院校能够为学生提供一个更加全面、深入的学习环境，不仅帮助他们掌握当前的专业知识和技能，还能够培养他们的创新意识和跨学科能力，从而更好地适应未来职业发展的需求。

（三）拓展多元化实践教学方法的策略

为了全面提升高职学生的职业素养和实际操作能力，采取多样化的实践教学方法显得尤为重要。这些方法能够模拟真实或接近真实的工作环境，帮助学生更好地理解和掌握专业知识，同时培养他们的协作能力、问题解决能力和创新能力。

1. 实施项目制教学

（1）实际项目实践：将学生分组并让他们参与到模拟真实工作流程的项目中，从项目规划、执行到评估的每个阶段，学生都需要亲自参与。这种项目制教学方法能够让学生在实践中学到如何在团队内有效沟通、协作解决问题，以及如何创新。

（2）行业相关项目：选择与学生所学专业直接相关的项目，确保学习内容与实际工作需求紧密对接，增强学生的职业认同感和就业竞争力。

2. 采用情景模拟、案例分析等教学方法

（1）情景模拟：通过模拟真实工作环境和情境，如客户服务场景、工程现场管理等，学生可以在控制的环境中应用所学理论，进行角色扮演，从而提高适应真实工作环境的能力。

（2）案例分析：选取行业内的典型案例，让学生分析并讨论解决方案，这种方法能够增强学生的批判性思维能力，以及在面对复杂问题时的决策能力。

3. 鼓励学生参与科研项目和技能竞赛

（1）科研项目参与：鼓励学生参与由学校或外部机构主导的科研项目，这不仅能够提升他们的研究能力和专业知识，还能增强他们解决实际问题的能力。

（2）技能竞赛：参与专业技能竞赛，如编程挑战、设计大赛等，可以激励学生挖掘和展示自己的专业技能，同时也是检验和提升教学成效的有效方式。

通过实施这些多元化的实践教学方法，高职教育能够为学生提供更加丰富和深入的学习体验，帮助他们在真实或接近真实的工作环境中培养必要的职业技能和素养，为未来的职业生涯奠定坚实的基础。

（四）深化反馈与评价机制的实施方案

为了确保高职教育能够高效地推进学生职业素养的养成，建立一个全面的反馈与评价机制至关重要。这一机制不仅能够帮助学生了解自己的学习进展，还能够为教师提供关键的教学反馈，促进教学方法和内容的持续优化。

1. 建立多元化评价体系

（1）自评机制：鼓励学生进行自我评估，反思自己在实践活动中的表现，识别自己的优点和改进领域。这种自我评价可以通过日志记录、自我反馈报告等形式进行。

（2）师评机制：教师根据学生在课堂和实践活动中的表现，对学生的技能掌握程度、职业素养等进行评价。师评应综合考虑学生的努力程度、参与度和实际成果。

（3）企业评价：企业作为校企合作的重要一环，可以对学生的实习表现进行评价。这种评价重点关注学生的职业技能、工作态度以及团队协作能力等，为学校提供行业视角的反馈。

2. 不断完善教学内容和方法

（1）反馈信息整合：定期收集和分析来自学生自评、师评以及企业评价的反馈信息，识别教学活动中的优点和不足。

（2）教学内容调整：基于反馈信息，对教学内容进行及时更新和优化，确保教学材料和课程内容能够紧跟行业发展和技术进步。

（3）教学方法优化：探索和实践更有效的教学方法，如增加实践教学、项目制学习等，以提高学生的学习兴趣和实践能力。

通过这种综合的反馈与评价机制，高职院校可以更好地监测和评估教学效果，及时调整教学策略，从而不断提高教育质量，确保学生能够全面提升其职业素养和实践能力。

第三节　校园文化环境的营造

在当前的教育体系中，高等职业教育扮演着至关重要的角色，旨在为社会培养具备高级技能和良好职业素养的专业人才。在这一过程中，校园文化环境的作用不可小觑，它直接影响学生的职业态度、学习动机，乃至未来的职业发展。校园文化环境，包括了学校的价值观念、教育理念、学习氛围、师生互动等多个方面，构成了学生日常学习和生活的背景。这种环境对学生的心理发展、行为习惯、职业选择等具有深远的影响。在高职教育中，一个积极向上、充满活力的校园文化环境能够激发学生的学习热情，增强其对专业知识的掌握，同时培养其团队合作、创新思维等职业必需的软技能。

一、校园文化环境的重要组成

在高等职业教育的过程中，校园文化环境的各个组成部分对学生职业素养的养成具有不同程度的影响。以下是校园文化环境的四个重要组成部分及其对学生职业素养养成的具体作用。

（一）理念文化

高职院校作为职业教育的重要组成部分，不仅承载着培养技术技能人才的使命，更肩负着传承和发展职业教育文化的责任。在这一背景下，理念文化的构建与弘扬成为了塑造学校特色、引导学生全面发展的核心。

1. 理念文化的核心要素与高职教育的结合

（1）核心价值观的确立与实践：高职院校通过确立以“创新、责任、诚信”为主导的核心价值观，为学校发展定下了明确的方向和目标。这些价值观不仅体现在学校的各项规章制度中，更通过具体的教育活动渗透到学生的日常学习和生活中，如设立创新实验项目，鼓励学生参与社会实践活动，强化职业道德教育等。

（2）使命与愿景的实现路径：每所高职院校都应根据自身定位，制定清晰的使命和愿景，并将之转化为实际可行的教育策略和计划。例如，通过建立校企合作模式，引入企业实际案例到教学中，使学生能够在理论学习的同时，获得实践操作的机会，培养其解决实际问题的能力。

2. 劳动教育的实施与理念文化的融合

（1）劳动教育的重要性：劳动教育作为职业教育不可或缺的一环，其目的在于通过劳动实践，培养学生的职业技能、团队协作能力和社会责任感。高职院校应将劳动教育与学校的理念文化紧密结合，使学生在参与劳动的过程中，能够深刻理解和践行学校的核心价值观。

（2）实践活动的设计与执行：结合理念文化，设计富有教育意义的劳动实践活动，如社区服务、环境保护项目等，既能够让学生在实践中学习和体验劳动的价值，同时也能够在过程中培养其创新思维和解决问题的能力。

3. 理念文化与职业素养的共同提升

理念文化的深入人心不是一蹴而就的，它需要通过日常的教育活动和校园文化建设不断强化。高职院校应重视理念文化在学生职业素养形成中的作用，通过多样化的教育手段，如课程融合、主题活动、社团组织等，引导学生内化这些价值观，形成良好的职业态度和行为习惯。

（二）制度文化

高职院校的制度文化不仅是规范学生行为、确保教育秩序的基础，更是培养学生职业素养、实现教育目标的重要途径。通过不断完善和实施各项制度规范，高职院校可以为学生提供一个良好的学习和成长环境，有助于他们培养出适应社会需求的职业技能和综合素质，为未来的职业生涯奠定坚实的基础。

1. 制度文化的构成及其在劳动教育中的应用

（1）明确的行为准则与学习标准：高职院校应制定一系列明确的行为准则和学习标准，包括学生的日常行为规范、学术诚信原则、劳动教育参与要求等。这些规范不仅为学生提供了明确的行动指南，还有助于培养他们的自我管理能力和职业道德观。

（2）制度的实施与监督机制：制度的有效性在于其执行力度和监督机制。高职院校需要通过建立健全的监督体系，确保各项规章制度得到严格执行。例如，可以通过定期的评审和反馈机制，对学生的出勤、学习进度和劳动教育参与情况进行监控，及时发现并解决问题。

2. 合理制度对学习氛围和职业行为规范的影响

（1）秩序井然、正面积极的学习氛围：合理且公正的制度能够有效地维护校园秩序，营造一个积极向上的学习环境。在这样的环境下，学生更容易形成良好的学习习惯，积极参与到学习和劳动活动中，促进个人综合素质的提升。

（2）培养良好的学习态度和职业行为规范：通过制度的引导和约束，学生可以逐步培养出自觉遵守规章制度、认真学习和劳动的态度，形成正确的职业行为规范。这对于他们将来融入社会、适应职场具有重要意义。

3. 制度文化与劳动教育的深度融合

（1）劳动教育的制度化安排：将劳动教育纳入学校制度文化体系，通过制定具体的劳动教育计划和要求，明确学生的劳动义务和权利，从而确保劳动教育的有效实施和质量。

（2）奖惩机制与诚信教育政策的应用：通过实施严格的奖惩机制和诚信教育政策，鼓励学生积极参与劳动教育，树立正确的价值观。对于在劳动教育中表现突出的学生给予奖励，对违反劳动纪律的学生采取必要的惩罚措施，以此激发学生的积极性和自律性。

（三）实践文化

实践文化是高职教育培养学生职业技能和素养的关键，通过不断深化和扩展实践文化的内涵和外延，可以更有效地促进学生的专业技能提升、创新能力培养以及职业素养的全面发展。

1. 实践文化的核心要素

（1）校内实训基地与工作坊：这些平台提供了专业的技术操作环境和设备，让学生在专业指导老师的监督下，亲自操作实验、完成项目，从而将理论知识与实际技能有效结合。例如，汽车维修、建筑设计、酒店管理等专业的实训基地，可以模拟真实的工作环境，让学生在校期间就能熟悉专业工作流程和标准。

（2）校企合作与实习基地：通过与企业的合作，学校能够为学生提供实习机会，使其能够在真实的工作环境中学习和锻炼。这种直接参与企业运营和项目实施的经验，不仅能够让学生深入理解行业动态和要求，还有助于培养其职业素养和团队合作能力。

2. 实践文化对学生发展的作用

（1）加深对专业知识的理解：通过实践活动，学生能够将抽象的理论知识转化为具体的操作技能，这种从实践中学习的过程大大加深了他们对专业知识的理解和掌握。

（2）培养解决问题的能力和创新思维：面对实际工作中的问题和挑战，学生需要运用所学知识进行分析和解决，这一过程不仅锻炼了他们的问题解决能力，也激发了创新思维。

（3）提前适应未来工作环境：通过参与实践活动，学生可以提前熟悉未来的工作环境和岗位要求，从而更好地适应职场，减少毕业后的适应期。

（四）交往文化

交往文化的建设是高职教育中不可或缺的一部分，它不仅影响着学生的学习效率和心理健康，还对学生未来的职业生涯和社会适应能力产生深远影响。通过培养开放、尊重、合作的校园交往文化，高职院校可以为学生提供一个良好的学习和成长环境，帮助他们准备好迎接未来的职业挑战。

交往文化的核心在于建立一个开放、尊重和理解的社区环境，其中师生之间的相互尊重、学生间的有效沟通和协作成为促进学习和个人成长的关键。

1. 交往文化的关键要素

（1）师生关系的建设：良好的师生关系是高职教育成功的基石。教师不仅是知识的传递者，更是学生学习旅程中的引导者和支持者。在一个健康的交往文化中，教师通过积极的反馈、公正的评价和个性化的指导，帮助学生克服学习中的困难，激发其学习兴趣和潜能。

（2）学生间的互动与协作：鼓励学生间的正面互动和团队协作，不仅能增强他们的社交技能，还能促进知识和经验的共享。通过小组讨论、项目合作等形式，学生可以学习如何在团队中有效沟通、解决冲突，并共同完成目标。

2. 交往文化对学生发展的影响

（1）增强团队协作能力和沟通技巧：在一个积极的交往文化中，学生能够通过日常的互动和合作项目，逐渐提高自己的团队协作能力和沟通技巧。这些能力对于学生未来在多元化的职业环境中融入团队、有效完成工作任务至关重要。

（2）培养相互尊重和理解的职业态度：通过交往文化的熏陶，学生可以学习到相互尊重、包容差异的重要性。这种职业态度不仅有助于建立和谐的人际关系，还能促进工作环境中的正面氛围。

二、营造积极校园文化环境的策略

在推进高职学生职业素养的养成过程中，营造一个积极的校园文化环境是至关重要的。以下策略为高职院校提供了一个框架，以确保学生能在一个有利于他们职业发展的环境中学习和成长。

（一）优化校园物质环境

高职院校在提高教育质量和培养高素质技术技能人才的过程中，应将改善和优化校园物质环境作为重要的一环。

1. 校园设施的改善

（1）现代化教学楼和实验室：教学楼和实验室是学习的主要场所，其现代化程度直接关系到教学质量和学习效率。高职院校应投资于先进的教学设备和技术，提供充足的实验材料和工具，确保学生能在实践中充分利用最新技术和方法。

（2）资源丰富的图书馆：图书馆作为知识的宝库，应提供广泛的学术资源和舒适的学习环境。除了传统的书籍和期刊，还应加强电子资源的建设，提供线上数据库和电子书籍的访问，满足学生和教师的学习和研究需求。

（3）多功能学生活动中心：学生活动中心应囊括学习、娱乐和社交等多功能空间，以支持学生的全面发展。设计应考虑到灵活性和开放性，以适应各种活动和集会的需求。

2. 校园环境的优化

（1）绿化校园和休息区的设置：绿化不仅美化了校园环境，还能使学生放松和减压。在校园内增设休息区、花园和小径，可以让学生在紧张的学习之余找到休息和恢复的地方。

（2）优化学习空间设计：学习空间的设计应考虑到光线、通风和静音等因素，创造一个有利于专注学习的环境。此外，灵活多变的布局和舒适的家具也能提高学习空间的使用效率和舒适度。

3. 对学生学习体验和舒适度的积极影响

（1）激发创新思维和学习兴趣：一个舒适、启发性的学习环境能够激发学生的创新思维，增强其学习兴趣。当学生感到舒适时，他们更愿意探索新知识，挑战自我。

（2）提高学习效率和整体福祉：良好的物质环境不仅有利于提高学习效率，还能显著提升学生的整体福祉。一个愉悦的校园环境能够减少学生的压力和焦虑，有助于培养积极健康的生活态度。

综上所述，高职院校通过改善和优化校园物质环境，不仅能够提供一个更加愉悦和高效的学习环境，还有助于激发学生的创新能力和学习动力，为学生的全面发展和未来职业生涯的成功奠定坚实的基础。这需要学校的持续投资和创新思维，以确保校园环境与时俱进，满足学生和教师日益增长的需求。

（二）丰富校园文化活动

在当今教育体系中，学校不仅是传授知识的场所，更是学生个性发展和实践能力培养的重要平台。通过组织多样化的文化和实践活动，学校能够为学生提供一个宽广的舞台，让他们在多方面展示自我、探索兴趣、提升技能。

1. 文化和实践活动的种类

（1）专业竞赛：通过参与专业竞赛，学生可以在竞争中学习，挑战自我，提升专业技能。这类活动还能激发学生的学习兴趣，增强其解决实际问题的能力。

（2）学术讲座：邀请行业专家和学术权威举办讲座，不仅可以拓宽学生的知识视野，还能激发他们对专业学科的热情，促进学术交流和思维碰撞。

（3）文化节：组织多元化的文化节活动，如艺术展览、音乐会、戏剧表演等，可以丰富学生的校园文化生活，提升他们的艺术修养和审美能力。

（4）社会实践和志愿服务：鼓励学生参与社会实践和志愿服务活动，如支教、环保、社区服务等，能够增强学生的社会责任感和公民意识，同时提供实践操作的机会，让学生将所学知识应用于实际中。

2. 活动对学生发展的积极影响

（1）丰富校园生活：多样化的文化和实践活动能够使学生的校园生活更加丰富多彩，增加与同学之间的互动和交流，建立友谊，提高生活满意度。

（2）增强团队合作能力：在参与这些活动的过程中，学生需要与他人协作，共同完成任务，这不仅能够锻炼他们的团队合作能力，还能培养领导力和组织能力。

（3）提升社会责任感和职业素养：通过参与社会实践和志愿服务，学生能够了解社会需求，增强服务意识和社会责任感，同时提升自己的职业素养。

（4）理论与实践的结合：这些活动为学生提供了将理论知识应用于实际操作的机会，有助于他们更好地理解和掌握专业知识，促进全面发展。

三、校园文化环境对职业素养养成的影响

校园文化环境在高职教育中的重要性不仅体现在营造积极的学习氛围上，更在于其对学生职业素养养成的深远影响。一个良好的校园文化环境能够全方位促进学生的职业发展，具体体现在以下几个方面。

（一）促进专业技能的提升

专业的校园文化氛围对于学生的专业学习和个人发展具有重要的影响。它不仅能够激发学生对专业的热爱和兴趣，还能鼓励他们积极探究和深入实践，从而更全面地理解和掌握专业知识及技能。

（1）鼓励探究和实践：学校应通过创建开放和鼓励探究的环境，使学生愿意主动学习和探索新知识。这包括提供充足的实验器材、实训设施，以及开放的实验室和工作室，让学生能够自由地进行实验和实践活动。

（2）实践活动的丰富性：通过组织多样化的实践活动，如实验、实训、项目开发等，学生可以在实际操作中深化对理论知识的理解，并加强对专业技能的掌握。这样的活动不仅能够提升学生的专业能力，还能增强他们的团队合作和问题解决能力。

（3）专业讲座和行业交流：定期邀请行业专家和学术权威举办专业讲座和行业交流会，为学生提供了解最新行业趋势、技术发展和职业机会的平台。这些活动能够扩大学生的视野，增强他们的职业意识。

（二）培养职业道德和责任感

职业道德和责任感是塑造学生职业素养的核心要素，它们对于学生将来在职场上的表现及其对社会的贡献至关重要。校园文化环境在这方面发挥着不可替代的作用，通过各种教育活动强调并培育良好的职业价值观，为学生的全面发展奠定基础。

校园内通过课堂教学、主题讲座和案例研究等方式，强调诚实守信的重要性，教

育学生在学术研究、考试和日常生活中坚守诚信原则。同时，培养学生尊重他人的价值观，无论是在团队合作还是日常交往中，都能够体现出对他人的尊重和理解。通过邀请行业内的专业人士分享他们的工作经验和职业精神，激励学生树立专业奉献的意识。学校还可以组织学生参与相关专业的竞赛活动，鼓励他们在追求专业卓越的过程中展现奉献精神。

学校通过组织各类志愿服务和社会实践活动，如社区服务、环保项目、支教活动等，让学生在实践中感受到个人行为对社会的积极影响。这些活动不仅有助于学生了解社会需求，还能够培养他们的公民意识和社会责任感。通过活动后的反思会和交流分享，引导学生思考自己的行为如何影响了社会和他人，进一步增强他们的责任感。这种反思和交流有助于学生深化对职业道德和社会责任的理解，形成更加成熟的职业态度。

通过职业道德教育和责任感的培养，学生能够形成正确的职业态度和行为规范，为其未来的职业生涯和社会生活奠定坚实的基础。良好的职业道德和强烈的责任感能够提升学生的职业适应能力和社会影响力，使他们在未来的工作中能够更好地解决职业道德冲突，有效地承担社会责任，成为社会所需的高素质人才。

（三）激发学生的创新意识和团队精神

在当今这个飞速发展、不断变化的职业世界里，拥有创新意识和卓越的团队合作能力变得比以往任何时候都更为关键。企业和组织越来越倾向于寻找那些不仅能够独立解决问题，而且也能在团队中发挥核心作用的人才。

首先，多样化的文化活动和团队项目，如学生自主研发项目、团队竞赛等，提供了一个平台，让学生能够在实践中锻炼和展示他们的创新能力。通过这些活动，学生们不仅有机会接触到新的知识和技能，还能学会如何将这些知识应用到解决实际问题中。更重要的是，这样的环境鼓励学生跳出传统思维模式，勇于尝试和创新，从而培养出能够适应未来职场需求的创新意识。

其次，这些团队项目和文化活动也是锻炼学生团队合作能力的绝佳机会。在团队合作过程中，学生必须学会有效沟通、协调工作，并共同解决可能出现的各种冲突。这不仅仅是关于完成任务，更重要的是，学生在这个过程中能够学会如何在不同性格和背景的团队成员之间建立起信任和尊重，从而达成共同的目标。这种团队中的动态交互对于培养学生的领导能力、协作精神和解决问题的能力至关重要。

在这样的文化氛围中，学生能够学会欣赏团队成员的多样性，并理解团队合作的重要性。通过参与多样化的文化活动和团队项目，学生不仅能够从技能和知识上得到提升，更能在实践中培养出强大的团队精神。这种精神不仅能帮助他们在学术上取得成功，更将在他们步入职场时成为宝贵的资产。

总的来说，校园文化环境通过提供这些多元化的活动和项目，不仅能够激发学生的创新思维，还能够在团队合作中锻炼他们的沟通能力、协调能力和解决冲突的能力。这样的文化氛围不仅为学生个人的全面发展奠定了基础，也为他们将来的职业生涯成功提供了重要的支撑。

第四节　社会资源的整合与利用

在当今快速发展的社会中，高等职业教育扮演着至关重要的角色，旨在为社会培养具有实际操作能力和良好职业素养的技术型人才。高职劳动教育，作为高等职业教育的重要组成部分，其核心目标在于通过实践学习和劳动经历，提升学生的职业技能，塑造其专业身份，同时培养学生的职业道德和责任感。然而，要实现这些目标，单靠学校内部的资源和力量是远远不够的，这就需要高职院校打破校园边界，积极整合和利用社会资源。

因此，社会资源对于提升高职学生职业素养具有不可替代的重要性。高职院校通过有效的社会资源整合与利用，不仅能够为学生提供更加多元化、实践性强的教育资源，还能够帮助学生建立起正确的职业观念，提升其综合职业能力，进一步促进学生的全面发展和社会适应能力的提高。接下来，将探讨社会资源在高职劳动教育中的应用及其对学生职业素养提升的具体影响。

一、社会资源的类别及其在高职教育中的作用

在高职劳动教育中，社会资源的整合与利用对于提升学生的职业素养起着至关重要的作用。以下是几类关键的社会资源及其在高职教育中的具体作用：

（一）企业资源

企业资源在高等职业教育中扮演着至关重要的角色，它们不仅是教育体系的重要组成部分，更是连接理论与实践、学校与行业的重要桥梁。这些资源包括但不限于企业实习岗位、行业导师以及资金支持等多个方面。通过与企业的紧密合作，高职院校能够为学生提供一个接近真实工作环境的学习平台，让他们在实习期间不仅能够获得宝贵的实际工作经验，而且还能加深对所学专业的实际应用和行业运作的理解。

首先，企业提供的实习岗位为学生提供了一个实践和应用理论知识的绝佳机会。在真实的工作环境中，学生不仅可以亲身体验职场文化，更能在实际操作中解决问题，这对于他们将来的职业发展具有不可估量的价值。通过实习，学生能够更好地了解行业需求，提前适应职场环境，从而在未来求职时更具竞争力。

其次，行业导师的存在对学生的职业发展同样至关重要。这些来自企业界的专业人士不仅可以向学生传授最新的行业知识和技能，还能通过分享个人经验来帮助学生理解行业文化、掌握专业技能并培养正确的职业态度。导师的指导对于学生个人技能的提升和职业素养的培养起到了关键作用，为学生未来的职业生涯奠定了坚实的基础。

最后，企业的资金支持对于改善教学设施、更新教学资源至关重要。这种支持可以帮助学校引进先进的教学技术和设备，改善教学条件，为学生创造更好的学习环境。资金支持还能用于开发新的课程和教学内容，确保教学内容与行业标准和发展趋势保持同步，从而提高教育的质量。

综上所述，企业资源在高职教育中发挥着不可替代的作用。通过企业实习岗位、行业导师的指导以及资金的支持，学校能够为学生提供一个贴近实际、与行业紧密相连的学习环境，不仅加强学生的实际工作能力和行业认知，还能促进他们专业技能的提升和职业态度的培养，为学生未来的职业生涯成功打下坚实的基础。

（二）行业协会与专业机构

行业协会与专业机构在当今教育体系中扮演着至关重要的角色，它们不仅是教育与行业之间的重要纽带，也是高等职业院校不可或缺的合作伙伴。这些机构为学生提供了一个了解行业最新趋势、掌握必要技能和知识的平台，极大地丰富了高职教育的内容和形式。

首先，行业标准和职业认证是确保学生教育质量和就业竞争力的关键。通过这些标准和认证，学生能够明确了解到行业对于专业技能和知识的具体要求，从而在学习过程中有针对性地进行准备。此外，这也为学生将来进入职场提供了一种认可的资质证明，有助于提升其在求职过程中的吸引力。

专业竞赛和研讨会提供了一个理想的平台，让学生能够将理论知识与实践相结合，以及与行业内的专家和同行交流思想。参与这些活动，学生不仅能够从中获得宝贵的实践经验，还能激发他们对所学领域的热情和兴趣。更重要的是，这些活动能够有效提高学生的创新能力和解决问题的技巧，从而增强他们的职业竞争力。

通过参与由行业协会或专业机构举办的活动，学生有机会直接接触到行业的前沿动态和技术发展，这对于他们的职业发展具有重要意义。这不仅能够帮助学生及时了解行业最新的发展趋势，还能够使他们在未来的就业市场中更具竞争力。

综上所述，行业协会与专业机构对于高职院校和学生而言，提供了一种宝贵的资源和机会。通过这些机构提供的行业标准、职业认证、专业竞赛和研讨会等资源，学生能够及时了解行业最新发展，掌握行业要求的核心技能和知识。参与这些活动不仅能够激发学生的学习兴趣，还能显著增强其职业竞争力。

（三）社区与公共机构

社区和公共机构提供的社区服务和公共项目是培养学生社会责任感和服务意识的重要途径。这些项目不仅为学生提供了一个实际参与社会服务的机会，而且还让他们能够直接了解到社会的需求。通过这样的参与，学生不仅能增强自己的社会参与意识，更能在实际的服务过程中，学习公共沟通的技能。

首先，社区服务项目使学生有机会离开传统的教室环境，亲身体验社会的多样性和复杂性。通过这些服务活动，学生能够接触到不同的社会群体，理解他们的需求和挑战，从而培养出真正的同理心和社会责任感。这种直接的社会参与不仅有助于学生了解社会的运作机制，还能促使他们思考如何通过自己的努力为社会带来积极的变化。

其次，参与社区服务和公共项目的过程中，学生必须与他人协作，共同完成任务。这不仅是一次团队合作的练习，更是一次沟通技巧的锻炼。学生需要学习如何有效地交流自己的想法，如何倾听并理解他人的观点，以及如何协调不同的意见以达成共同的目标。这些技能对于他们未来无论是在职场还是在日常生活中都是极其宝贵的。

此外，通过参与社区服务，学生有机会在实践中学习公共沟通的技巧。这包括如何向社区成员传达信息，如何组织和实施公共活动，以及如何通过不同的渠道与公众互动。这些经验不仅增强了学生的公共演讲能力和组织能力，也让他们学会了如何有效地利用媒体和其他公共平台来传播有益于社区的信息和倡议。

通过这种积极的参与，学生能够建立起积极的社会影响力，并在此过程中促进自己的全面发展。他们不仅能够在知识和技能上得到提升，更重要的是，通过服务于社会，学生能够具有强烈的社会责任感和服务意识。这些经验和技能将成为他们宝贵的个人资产，不仅能够帮助他们在未来的职业生涯中脱颖而出，也能够使他们成为社会上积极的、有影响力的成员。

（四）科研机构与高等学府

科研机构与高等学府之间的合作为高等职业教育学生提供了宝贵的机会，让他们能够直接参与到科研项目中，进行学术交流。这种合作框架不仅对学生的研究能力的提升至关重要，更能有效激发他们的创新思维和解决问题的能力，是教育和实践相结合的典范。

首先，参与科研项目使学生有机会直接接触到科学研究的前沿。这不仅包括最新的科技成果，还包括那些正在塑造未来的研究方法和理念。通过这种深度参与，学生不仅能够获得关于特定领域的深入知识，还能亲身体验到科学探索的过程，包括如何提出研究问题、设计实验、收集和分析数据以及如何撰写和发表研究成果。这些经历极大地丰富了学生的学术经验，为他们未来的研究工作或继续深造打下了坚实的基础。

其次，这种合作促进了学生的创新思维。在科研项目中，学生被鼓励去思考，去挑战现有的知识边界，去探索未知的领域。这种创新的过程不仅需要扎实的专业知识作为支撑，更需要敢于质疑和创新的勇气。通过与科研机构的合作，学生能够在导师的指导下，学会如何将创新思维应用于实际的研究中，从而解决复杂的问题。

此外，通过参与前沿的科研项目，学生能够拓宽自己的知识视野，增强学习的动力。在这样的合作模式下，学生不仅能够了解到自己所学专业领域内的最新动态，还能够接触到跨学科的研究方法和理念。这种跨学科的学习经验对于学生的全面发展极为有益，能够帮助他们建立更为广阔的知识体系，从而在未来的学习和工作中更加灵活和创新。

二、社会资源整合的挑战与对策

在高职劳动教育推进学生职业素养养成的过程中，虽然整合和利用社会资源具有显著的优势，但也面临着一系列挑战。以下是这些挑战的具体分析以及相应的解决方案。

（一）资源对接的难度

在实践中，高等职业技术院校面临的一个主要挑战是如何有效地与企业进行资源对接。这一过程常常受到多种因素的制约，比如企业与学校之间存在信息不对称问题，双方的合作需求难以精准匹配，以及缺乏一个稳定且高效的沟通渠道等。这些问题不仅增加了双方建立合作关系的难度，也可能导致潜在合作机会的丧失，进而影响到资源的有效利用，降低教育质量与行业服务的实际效果。

针对这些问题，一个可行且有效的解决方案是由高职院校建立一个专门的校企联络部门，旨在优化资源对接机制，提升合作效率。这个联络部门的主要职责将包括几个关键方面：

（1）建立和维护企业数据库：该部门负责收集和整理与院校专业相关的企业信息，包括企业的规模、行业定位、合作意向等，建立一个全面、更新及时的企业数据库。这不仅可以帮助学校更快地找到与其专业对应需求的企业，也方便企业了解学校的教学特色和合作潜力。

（2）定期组织校企对接会：通过定期举办校企对接会议或招聘会等活动，提供一个直接交流的平台，让双方能够面对面地交流合作意向和需求。这样的活动不仅可以促进双方的深入了解，还可以即时解决合作过程中的疑问和难题。

（3）加强与企业的沟通和信息交流：该部门还需要负责维持与企业间的常态化沟通，包括定期发送院校的教学发展、学生实习、科研项目等信息给企业，同时收集企业的反馈和需求，作为院校教学和科研工作的重要参考。

通过这种方式，不仅可以有效促进校企双方的需求匹配，还可以提高资源对接的效率和成功率。此外，这种积极主动的对接策略还有助于建立起学校与企业之间长期稳定的合作关系，为学生提供更多的实习机会、就业机会和学习机会，同时也为企业输送更多符合需求的高素质人才，实现双赢的局面机会。

（二）资源利用的有效性

在高等职业教育领域，确保资源利用的有效性是一大挑战。这不仅涉及如何充分利用社会资源以满足教育目标，还包括如何确保这些资源能够真正满足学生的具体需求。如果资源配置不当，不仅可能会造成资源的浪费，还可能对教育质量造成负面影响，从而阻碍学生的学习进步和个人发展。

为了解决这一问题，高职院校需要采取以下策略，以提高资源利用的有效性：

（1）进行细致的资源需求分析：院校应深入分析教育目标和学生的实际需求。这包括对学生学习兴趣、职业发展趋势以及行业需求的全面了解。只有准确把握了这些信息，学校才能更有效地确定所需的资源类型和规模。

（2）制定详细的资源整合计划：基于需求分析的结果，院校应制定一个详细的资源整合计划。该计划应明确指出哪些社会资源是最适合的，包括但不限于行业合作、专家讲座、实验室设备、实习基地等，以及如何将这些资源有效地整合到教学和学习过程中。

（3）选择最适合的社会资源进行合作：院校需要精心选择与之合作的社会资源。这意味着寻找那些能够直接支持教育目标和满足学生需求的合作伙伴，从而确保合作的成果能够对学生的学习和成长产生实质性的帮助。

（4）加强教学内容和方法的创新：为了确保社会资源的利用最大化其效益，院校还需不断创新教学内容和方法。这包括将实践学习、项目导向学习等现代教学方法融入课程设计，确保社会资源的利用能够有效促进学生的知识掌握、技能提升和综合素质的发展。

通过上述策略，高职院校不仅能够提高资源利用的有效性，还能够更好地实现教育目标，满足学生的需求，从而提升教育质量和学生的职业竞争力。这种精细化的资源配置和利用策略，将有助于院校构建一个更加高效、动态和可持续发展的教育生态系统。

（三）持续性问题

在高等职业教育领域，保持资源整合的持续性是一项重要而复杂的任务。由于各种外部和内部因素的影响，一些原本看似稳固的合作关系可能会出现中断，这直接影响到学生的学习和实践机会，进而影响教育质量和学校的声誉。

为了应对这一挑战，确保资源利用的持续性，高职院校可以采取以下措施：

（1）建立长期合作关系：与合作伙伴建立稳定且长期的合作关系是确保资源利用持续性的基石。这意味着学校需要在选择合作伙伴时，不仅要考虑到合作伙伴的资源质量和可用性，还要考虑到其长期发展的潜力和稳定性。

（2）签订长期合作协议：为了法律和情感上的双重保障，高职院校应与合作伙伴签订详尽的长期合作协议。这些协议应详细规定合作的范围、期限、双方的权利和义务、解决争议的机制等，以确保合作的透明性和可执行性。

（3）设立合作项目的监督和评估机制：有效的监督和评估机制是确保合作质量和持续性的关键。高职院校需要设立专门的团队或部门，负责监督合作项目的实施过程，定期评估合作的效果，包括教育质量、学生满意度、资源利用效率等方面。

（4）定期评估合作效果：通过定期的效果评估，双方可以及时了解合作的实际成效，发现问题并采取相应的改进措施。这种动态的评估过程有助于双方持续优化合作内容和方法，增强合作的活力和适应性。

（5）及时调整合作策略和内容：基于评估结果，高职院校和合作伙伴应及时调整合作策略和内容，以应对外部环境的变化和内部需求的更新。这种灵活的调整机制能够确保合作项目始终符合双方的最新需求和期望，从而保持合作关系的稳定和长期发展。

通过上述措施，高职院校可以有效地保障与合作伙伴之间合作的持续性和稳定性，从而确保教育资源的持续利用，支持学生的学习和实践机会，促进学校整体教育质量的提升和持续发展。

第五节　家庭教育的引导与配合

在当代教育体系中，家庭教育和高职劳动教育共同构成了推进学生职业素养养成的重要基石。家庭教育，作为学生成长的第一课堂，对其职业素养的养成起着至关重要的作用。家庭教育对学生的职业观念、职业态度以及职业行为规范的形成具有深远影响。家庭是学生最初接触社会的场所，家长的职业态度、工作经历和生活态度都在无形中影响着学生的价值观和职业选择。良好的家庭教育能够激发学生的职业兴趣，培养其积极向上的职业态度，为学生未来的职业生涯打下坚实的基础。

一、家庭教育的重要性

在高校劳动教育中，家庭教育的作用不可小觑。它不仅为学生提供了情感支持和价值观的培养，还在形成良好的学习习惯和自主学习能力方面发挥着关键作用。

（一）情感支持的作用

情感支持在家庭教育的体系中扮演着不可或缺的角色，对学生在职业选择和维持长期学习动力上具有重要而深刻的影响。特别是在高校劳动教育的过程中，家庭所提供的情感支持成为了学生敢于探索不同劳动实践领域、面对并克服挑战的重要推动力。这种支持形式多样，可以是对学生职业愿望的认同、对他们尝试和探索过程中遭遇失败时的安慰和鼓励，或是在他们努力攀登学习阶梯时给予的正面反馈。

在高等教育的背景下，劳动教育不仅仅关乎技能的培养，更是一种全面性格和价值观的塑造过程。当学生在这一过程中得到家庭的全方位情感支持时，他们会感受到一种力量，这种力量让他们有勇气面对未知，尝试新的劳动实践领域，即使这中间可能会遇到失败和挫折。正是这种家庭的理解、鼓励和支持，为学生提供了一个安全的情感后盾，让他们在职业探索和劳动实践的道路上更加坚定和自信。

进一步来说，家庭情感支持的给予，不仅仅停留在口头的鼓励和安慰上，更体现在对学生职业决策过程的参与和支持，以及对他们劳动成果的认可和赞赏。这样的支持可以显著提升学生的内在动力，激发他们的学习热情和探索欲望，使他们在面对劳动教育中的各种挑战时能够保持积极向上的态度，展现出更强的适应能力和解决问题的能力。

因此，家庭的情感支持在高校劳动教育中具有不可替代的作用。它不仅能够帮助学生建立起对未来职业生涯的积极展望，还能够促进他们在学习和生活中发展出持久的学习动力和强烈的探索精神，为他们未来的职业发展和个人成长奠定坚实的基础。

（二）价值观的培养

家庭环境无疑是塑造学生职业价值观和职业道德观念的重要场所，起着不可替代的基础教育作用。在家庭这个最初的社会小团体中，通过父母和其他家庭成员的日常行为示范以及言传身教，学生能够自然而然地吸收并内化那些至关重要的价值观，如责任感、诚实守信、勤奋努力等。这些基本价值观不仅构成了学生个人品格的核心，也是他们在未来职业生涯中做出道德判断和正确决策的基石。

在高校劳动教育的实践中，这些从家庭中学习到的价值观发挥着极其重要的作用。责任感使学生在参与劳动教育时能够认真对待每一项任务，诚实守信让他们在团队合作中成为可信赖的伙伴，而勤奋努力则是驱使他们不断超越自我，追求卓越的内在动力。这些价值观的培养，使得学生不仅能够以积极的态度参与到各种劳动实践中，更能够在面对职业道德挑战时做出正确的选择，展现出高尚的职业操守。

家庭的作用并不仅限于对学生初步价值观的塑造，它还通过不断的交流和反馈，帮助学生调整和强化这些价值观。在学生将所学的职业技能回馈到家庭中，通过参与家庭劳动或解决实际问题时，家庭成员的认可和鼓励将进一步巩固学生的职业价值观，增强他们的自信心和自我效能感。

通过家庭的影响，学生不仅为劳动教育中的学习和实践打下了坚实的基础，更为他们未来的职业生涯和社会生活建立了正确的价值导向和道德准则。这种从家庭延伸到学校、再到社会的连续性价值教育，是培养有责任、诚信、勤奋的未来公民不可或缺的一环。

（三）学习习惯的形成

良好的学习习惯和自主学习能力对于学生的职业成功至关重要，尤其在劳动教育这一领域更是如此。通过营造一个有序且充满支持的学习氛围，极大地促进了学生良好习惯的形成和自主学习能力的增强。具体来说，家庭可以通过多种方式帮助学生养成高效的学习习惯，例如帮助学生制定合理的学习和劳动时间表，确保学生能够平衡学习与休息，避免过度劳累；同时，家长可以引导学生设定既切实又具有挑战性的学习目标和劳动目标，激励他们不断追求进步。

家庭的作用还包括鼓励学生采取主动性，在学习和劳动中自主探索和解决问题。这种鼓励可以通过简单的方式实现，比如讨论学生在学习或劳动过程中遇到的问题，提供一定的指导但不直接给出答案，鼓励学生自己思考和尝试不同的解决方案。这样不仅有助于提升学生解决问题的能力，也能增强他们的自信心和自主学习的意愿。

在劳动教育的背景下，这些能力尤为重要。劳动教育旨在通过实践活动培养学生的职业技能和职业道德，这要求学生能够积极主动地参与进来，而不是被动接受。拥有良好的学习习惯和强大的自主学习能力的学生更有可能在这一过程中表现出色，因为他们习惯于自我管理，能够有效地安排自己的学习和劳动时间，同时也能在面对挑战时迅速适应并找到解决问题的方法。

总之，家庭在培养学生良好学习习惯和自主学习能力方面起着至关重要的作用。通过提供一个有序且支持性的学习环境，以及鼓励学生在学习和劳动中采取主动性，家庭帮助学生为在劳动教育中的积极参与和个人成长奠定了坚实的基础。

二、发挥家庭教育的引导作用

在高校劳动教育的背景下，家庭教育的引导策略发挥着至关重要的作用。通过提升家长的职业教育意识、建立家校合作机制，以及优化家庭学习环境，可以更有效地促进学生的职业技能学习和个人发展。

（一）提升家长的职业教育意识

家长对于高等职业教育的理解和支持对学生的职业成长起着决定性的作用。认识到这一点的高校可以采取多种策略来提升家长对劳动教育的重视，从而为学生的职业发展铺平道路。这些策略包括但不限于举办家长会、讲座等，旨在深入解释劳动教育的、具体目标以及它对学生将来职业路径可能产生的正面影响。这种形式的直接交流为家长提供了一个全面了解劳动教育意义的平台，帮助他们看到参与这类教育对孩子未来的具体好处。

高校还可以通过现代通信手段，来保持家长对学生在劳动教育中进展的持续了解。这不仅让家长能够实时获取关于孩子学习状态和成就的信息，还为他们提供了一个与学校沟通反馈的便捷渠道。通过分享学生在劳动教育中的具体案例、成果展示以及他们的个人成长故事，高校可以有效地激发家长对子女参与劳动教育的兴趣和支持动力。

这种家校联合的努力，不仅加深了家长对劳动教育的理解和认可，也为学生创造了一个更加支持性的成长环境。家长的积极参与和支持能够极大增强学生的自信心和动力，让他们更加主动地投身于劳动教育中，积极探索和实践，从而在职业技能、职业道德以及职业规划等方面获得实质性的成长。

（二）建立家校合作机制

为了深化家校之间的沟通与合作，同时集中关注学生的职业发展，高校必须积极探索和建立多种沟通渠道和合作平台。这样的努力可以具体体现在几个方面。

首先，设立家长咨询日是一种有效的方法，它为家长提供了一个直接了解学校教育政策、劳动教育内容以及孩子在校表现的机会。通过定期举行家长咨询日，家长可以与教师进行面对面的交流，探讨孩子的学习进展情况、存在的问题以及可能的解决方案，从而形成一个共同支持学生职业成长的合力。

其次，开展亲子劳动教育活动能够促进家长与孩子之间的交流与合作，同时加深家长对学校劳动教育实践的理解。通过亲身参与劳动教育活动，家长不仅能够直观感受到劳动教育的意义和价值，还能增强与孩子的情感联系，共同体验劳动的乐趣和成就感。

此外，邀请家长参与学校的职业教育规划是另一个重要的策略。这不仅意味着让家长在学校教育决策过程中发挥一定的作用，还能让学校从家长的角度获得关于职业教育的新见解和建议。家长的参与可以帮助学校更准确地定位职业教育的目标和内容，确保教育实践既符合学生的需求，也满足社会和家庭的期待。

通过实施这些措施，高校可以有效增强与家长的沟通和互动，共同营造一个支持学生职业发展的良好环境。家长的积极参与不仅可以增加学校劳动教育的透明度和开放性，还能为学生提供更加丰富、多元的学习和成长机会，共同推动学生职业技能的培养和个人成长。

（三）家庭学习环境的优化

家庭作为学生学习和成长的首要环境，对于塑造学生的职业技能和促进其个人发展具有不可估量的重要性。理想的家庭学习环境可以为学生提供一个稳定的基础，帮助他们在未来的学习和职业生涯中取得成功。为此，高校可以采取主动措施，向家长提供具体的指导和建议，帮助他们为子女营造一个更加有利于职业技能学习的家庭环境。

一方面，高校可以向家长强调安静和整洁学习空间的重要性，并提供实用的布局建议和管理技巧。一个专门的学习区域不仅能减少学习过程中的干扰，还能帮助学生更好地集中注意力，从而提高学习效率。此外，高校还可以建议家长帮助学生制定和遵守固定的学习时间表，这样既可以培养学生的时间管理能力，也可以确保学生有足够的时间专注于学习和劳动教育活动。

另一方面，高校还可以指导家长如何为学生提供必要的学习资源和工具。这可能包括书籍、在线教育资源、实践工具等，旨在满足学生在特定职业技能学习过程中的需求。通过确保学生能够轻松获取这些资源，家长可以极大地促进学生的自主学习和技能掌握。

此外，家长的角色不仅限于提供物质条件，更应鼓励学生积极参与家庭劳动和社会实践活动。通过参与家务劳动、社区服务等，学生不仅能够学习到实用的生活技能，还能在实际操作中培养责任感、团队合作能力以及自我管理能力。这些经验不仅有利于学生的个人成长，还为他们将来的职业生涯打下了坚实的基础。

综上所述，通过高校的引导和家长的努力，优化家庭学习环境成为可能，这对于学生的职业技能学习和个人发展具有重要意义。一个有利于学习的家庭环境，加上家长的鼓励和支持，可以为学生的成功奠定坚实的基础，确保他们在未来的学习和工作中展现出色的表现能力和适应能力。家庭与学校的共同努力，可以培养出更多具备良好职业技能、高度责任感和自我管理能力的优秀学生，他们能够在未来的职场中发挥重要作用，为社会做出积极贡献。

通过实施这些家庭教育引导策略，高校可以更有效地促进学生的劳动教育，帮助学生培养职业技能，增强职业素养，为未来的职业生涯和个人发展奠定坚实的基础。同时，这些策略也有助于增强家长与学校之间的合作，共同为学生的全面发展提供支持。

三、家庭与学校配合的实践举措

高校劳动教育的实施不仅需要学校教育的支持，更需要家庭教育的配合。通过家庭与学校的紧密合作，可以为学生提供一个全面的职业教育环境，从而更好地促进学生的职业技能发展和个人成长。以下是家庭与学校配合的实践举措的详细解读：

（一）家长职业体验活动

让家长参与职业体验活动，成为了深化他们对于子女职业教育的理解和支持的一种极其有效的策略。这些活动使得家长有机会直接融入到不同的职业环境中，亲身体验多样化的职业角色，深入了解各种职业的具体工作内容、环境以及所需的技能和素质要求。这样的经历，不仅能够帮助家长全面、深刻地理解职业教育的意义和目标，还能够使他们对不同职业有一个直观的认识，从而更加理解和支持子女在职业选择上的决策。

进一步地，家长通过参与职业体验活动，能够激发出对子女未来职业发展的浓厚兴趣。这种亲身的体验和认识，可以使家长成为子女职业规划过程中的积极参与者和支持者，促进家长与子女之间就未来职业道路的深入交流和有效讨论。这种交流和讨论不仅能够增强家庭成员间的情感联系，还能够帮助学生在职业选择和规划上做出更加明智、合理的决定。

为了实现这一目标，高校可以积极探索与各类企业的合作机会，通过这些合作关系为家长提供丰富多样的职业体验机会。这可能包括组织家长参观各类企业、工厂或实验室，让他们亲身体验具体的工作流程，甚至参与到某些简单的工作任务中去。这些活动不仅让家长对特定行业有一个全面的了解，也为他们提供了一个与企业专业人士直接交流的平台，进一步加深他们对职业教育的认识和支持。

通过这些举措，家长参与职业体验活动成为连接家庭与学校、企业之间的重要桥梁，为学生的职业教育和未来职业发展营造了一个更加开放、支持的环境。这种环境不仅有助于学生职业技能的培养和个人成长，也促进了家庭成员之间就职业教育和规划的有效沟通和理解。

（二）家校共建职业发展计划

将家长和学校教师共同纳入到学生职业规划的过程中，是推动学生个性化职业成长的关键策略。为此，高校可以采取积极措施，定期举行家校职业规划会议，为家长和教师提供一个平台，使他们能够共同参与到学生的职业发展过程中。在这些会议中，家长和教师可以一起讨论学生的个人兴趣、能力评估和职业偏好，这种深度的交流和合作使得双方能够更好地理解学生的需求和期望，进而协助学生制定出既现实又符合个人特点的职业发展规划。

这种个性化的职业指导极大地促进了学生对自己未来职业道路的认识，使他们能够更加明确自己的职业目标。此外，通过这种合作机制，学生不仅能获得更为精准和个性化的职业教育资源，还能确保这些资源和策略能够最大程度地满足他们的职业成长需求。此外，定期的家校职业规划会议还为家长和教师提供了一个持续沟通的渠道，使得家庭教育和学校教育能够在目标和方法上保持一致性，共同支持学生的职业成长。

通过这样的合作和沟通，家校之间可以形成一个支持网络，共同关注和推动学生的职业发展。这不仅加深了家长对学校教育方针的理解和支持，也增强了教师对每个学生个性化需求的认识，为学生提供了一个更加全面、细致的职业发展支持系统。因此，这种引导家长和教师共同参与的机制，不仅有利于学生职业目标的明确和职业技能的培养，更是确保学生能够在个性化的职业道路上获得成功的重要保障。

（三）家庭作业与项目

设计让家庭成员共同参与的作业和项目，成为了鼓励学生在家庭环境中应用所学知识和技能的一个极其有效的策略。这种类型的作业和项目能显著提升学习内容的实践性和应用性，同时促进了家庭内部的互动与合作，加强了家庭成员之间的联系。高校可以精心策划与日常家庭生活紧密相关的实践项目，例如，涉及家庭财务规划的项目可以让学生运用数学和经济学的知识来管理家庭预算，家庭园艺设计项目则可以让学生应用生物学知识和美学原则来美化家庭环境，而烹饪技能挑战则让学生将化学和营养学的知识应用于准备健康美味的餐食中。

这类家庭参与的作业和项目的设计，不仅仅是为了检验学生的学习成果，更重要的是通过将学习和生活紧密结合起来，激发学生的学习兴趣和动力。学生在完成这些任务的过程中，不仅能够在家庭环境中得到真实的实践机会，还能促使家庭成员参与到他们的学习过程中来，增进家庭成员对学生所学知识的理解和认识，从而获得更多的鼓励和支持。

此外，通过这些涉及家庭参与的作业和项目，学生能够学会如何将理论知识与实际生活相结合，培养解决实际问题的能力。这种学习方式不仅能够提高学生的综合素质，还能帮助他们更好地准备未来的职业生涯，培养成为社会需要的复合型人才。

通过上述举措，高校劳动教育可以得到家庭的有力支持和积极参与，从而为学生创造一个更加丰富多元的学习环境，促进学生职业技能的全面发展。同时，这些实践举措还能加深家校之间的合作关系，共同为学生的未来职业生涯奠定坚实的基础。

第六章　高职劳动教育与学生职业素养评价体系研究

第一节　劳动教育评价的理论基础

在当代教育体系中，劳动教育扮演着不可或缺的角色。它不仅旨在传授学生基本的劳动技能，更重要的是培养他们的责任感、合作精神以及解决实际问题的能力。通过劳动教育，学生能够理解劳动的价值，学会珍惜成果，同时也促进了个人全面发展。然而，为了确保劳动教育的有效性和实质性成效，开展科学合理的评价体系就显得尤为重要。

一、劳动教育评价概述

劳动教育评价是对学生在劳动教育活动中的表现、成果以及劳动态度和技能掌握程度的系统评定和分析。这种评价不仅关注学生的劳动成果，更重视劳动过程中的学习体验、技能应用和价值观的形成。其主要目的在于促进学生全面发展，提升其劳动技能和道德素养，同时为教育者提供反馈，帮助他们优化教学方法和内容。

劳动教育评价的内容广泛，包括学生的劳动技能、合作精神、创新能力、责任感等多个维度。评价方法同样多样，既包括传统的观察记录、成果展示，也涵盖自评、同伴评价等现代评价手段，以期全面准确地反映学生的劳动教育成效。

劳动教育评价具有明显的多维度特性，主要表现为形成性评价和总结性评价两大方面。形成性评价强调过程监控和即时反馈，旨在通过持续的评价过程促进学生的即时改进和持续进步。总结性评价则在一定时间周期后，对学生的劳动教育成果进行总体评估，强调的是成果和终极表现的评定。这两种评价方式相辅相成，共同构成了一个全面、立体的劳动教育评价体系，不仅能有效地指导和激励学生的学习，还能为教育实践提供科学的评价依据。

二、理论基础

劳动教育评价的理论基础涉及多个学科领域，其中包括教育学理论、心理学理论以及质量管理理论，这些理论为劳动教育评价提供了深刻的理论支撑和实践指导。

（一）教育学理论

在深化对教育学理论的理解时，我们进一步认识到，这些理论不仅为劳动教育的评价提供了指导性的原则，也强调了评价过程中对学生个性化需求的关注和对多样性的尊重。这一理念基于对学生发展的全面看法，认识到每个学生都具有独特的个性、能力和学习需求。因此，教育学理论主张在劳动教育评价中要应用多样化的方法，以适应不同学生的特点和需求，从而促进他们的最大发展。

深化对教育学理论中学生为中心的评价方法的理解，我们发现它在劳动教育评价中扮演着至关重要的角色。这种方法强调评价过程应充分考虑学生的主观体验和个人参与度，使学生成为评价活动的积极参与者，而非被动对象。这样的评价策略不仅关注于学生劳动技能的客观表现，更重视学生对自身学习过程的认识和评价，从而促进个人成长和发展。自我评价作为这一过程的核心，要求学生对自己的劳动表现进行深入反思和评估。这种内省不仅帮助学生识别自己的强项和改进领域，而且通过自我确认已达成的进步，显著提升了学生的自我效能感，即对自己完成任务和实现目标的信心。这种自信是学生持续参与劳动活动和面对新挑战的重要动力。同时，同伴评价的引入为劳动教育评价增添了社会互动的维度。在同伴评价过程中，学生不仅从自我中心的视角转向考量他人的表现和进步，而且通过给予和接受反馈，学习如何以建设性和支持性的方式与他人交流。这种互动不仅有助于建立团队内的信任和尊重，还促进了学生社会技能的发展，如沟通能力、团队合作和冲突解决能力。这些评价方法还能够促进一个正向的学习氛围，其中学生被鼓励基于自身经验进行成长，而不是仅仅依赖于外部的评价和奖励。这样的氛围不仅有利于学生内在动机的培养，还有助于他们建立起终身学习的态度。

深入探讨教育学理论在劳动教育评价中的应用，特别是形成性评价与总结性评价的结合，揭示了一种全面且动态的评价方法，旨在促进学生的持续学习和发展。这种双重评价策略强调了评价不仅是学习过程的结束，更是学习和成长的开始。

形成性评价的核心在于提供及时和持续的反馈，使学生能够在劳动教育的各个阶段了解自己的表现。这种反馈机制让学生看到自己的成长点和需要改进的地方，鼓励他们在实践中主动寻找解决方案。形成性评价的重点在于促进学习过程中的积极参与和自我反思，这样学生可以在教育者的指导下，逐步改进自己的劳动技能和工作方法。通过这种方式，形成性评价成为了一种促进学生自主学习和自我提高的有效工具。

而总结性评价则在劳动教育活动的末尾，对学生的整体学习成果进行全面评估。这不仅包括学生的技能掌握和劳动成果，也涵盖了学生的工作态度、团队合作能力以及创新能力等多方面的表现。总结性评价的目的在于确定学生是否达到了预定的学习目标，以及他们在劳动教育过程中的整体表现。这种评价为学生提供了一个清晰的成就感，同时也为教育者提供了重要的信息，帮助他们评估教学效果，调整未来的教学计划。

结合使用形成性评价和总结性评价的方法，为劳动教育提供了一种全面、灵活且有效的评价框架。这种评价机制不仅激励学生在学习过程中持续进步，也使教育者能够根据学生的实际表现和需要，及时调整教学策略和内容。此外，这种双重评价策略还能够促进学生的自我意识和责任感，使他们更加积极地参与到学习和劳动活动中，从而实现个人和集体的持续发展与进步。

通过将这些教育学理论原则应用于劳动教育评价中，可以实现更加公正、全面和个性化的评价体系。这样的评价不仅反映了学生在劳动教育中的具体学习成果，更重要的是，它促进了学生批判性思维能力和创新能力的发展，为学生的终身学习和全面发展奠定了坚实的基础。

（二）心理学理论

深入探讨心理学理论在劳动教育评价中的应用，我们发现这些理论不仅提供了评价学生心理发展的视角，还强调了在劳动教育中促进正面心理状态的重要性。心理学理论特别关注学生的内在心理过程，如自我认知的形成、动机的激发以及社会适应能力的培养，这些都是劳动教育评价中不可忽视的重要方面。

首先，心理学理论强调自我效能感在学生的心理发展中的作用。自我效能感是指个人对自己完成特定任务或达成目标的信心。劳动教育评价通过积极的反馈机制，能够显著增强学生的自我效能感。当学生看到自己通过努力达成了劳动任务，他们不仅对自己的能力感到更加自信，也更有勇气面对新的挑战。因此，劳动教育评价应当设计为一种促进学生自我认知积极发展的过程，通过实现小的成功来鼓励他们追求更大的成就。

其次，动机激发是劳动教育评价中的另一个关键考量。心理学理论表明，适当的激励可以显著提高学生参与劳动教育的积极性和主动性。劳动教育评价应通过正向激励，如表扬和奖励，来激发学生的内在动机，使他们对劳动活动产生兴趣，并愿意投入更多的努力。

最后，心理学理论还关注学生的社会适应能力，即学生适应社会环境和人际关系的能力。通过团队合作的劳动活动和评价，学生不仅可以学习如何与他人有效沟通和协作，还能够在实践中培养解决冲突的技能，从而提高他们的社会适应能力。

因此，劳动教育评价应当综合考虑心理学理论的指导，通过建立一个包容、鼓励和支持的评价环境，促进学生的心理健康发展。这意味着评价不应仅仅聚焦于结果的量化，更应关注评价过程中对学生心理状态的正面影响，如增强自信、激发动机和提升社会适应能力，从而促进学生的全面发展。

（三）质量管理理论

深入探索质量管理理论在劳动教育评价中的应用，我们可以看到它为劳动教育提供了一个系统的、循环的改进过程。这种理论不仅仅是关于评价本身，更关注于评价结果如何被用于推动教育质量的持续提升。其中，连续改进的概念，特别是著名的PDCA（计划—执行—检查—行动）循环，为劳动教育评价提供了明确的操作框架。

首先，质量管理理论倡导在劳动教育评价前进行详细的计划（Plan），明确评价的目标、方法、标准及预期结果。这一步骤确保了评价活动有明确的方向和目的，为有效评价奠定了基础。

接着，执行（Do）阶段涉及到将评价计划付诸实践，按照既定的方法和标准开展劳动教育评价。在这一过程中，教育者和评价者需要密切关注评价的执行情况，并确保评价活动的顺利进行。

检查（Check）阶段是对已执行评价活动的成果进行审视和分析。通过对评价结果的仔细检查，教育者可以发现劳动教育过程中存在的问题和不足，评估实际成果与预期目标之间的差异。

最后，行动（Act）阶段要求根据检查阶段的发现制定相应的改进措施。这可能包括调整教学方法、改善评价工具或重新设计劳动教育活动。通过这种方式，劳动教育系统能够不断地自我完善和进化，以实现最终的质量提升。

这种动态的评价体系能够及时反馈教育实践中的问题，指导教育活动的持续优化和创新。因此，质量管理理论为劳动教育评价提供了一种科学、实用的方法论，确保劳动教育能够在不断变化的教育环境中维持其效果和质量。

第二节　高职劳动教育与学生职业素养评价体系的构建原则

高职教育，以其贴近产业、注重实践的特点，为社会培养了大量的技术技能型人才。在这一教育体系中，劳动教育扮演着至关重要的角色，它不仅是技能传授的过程，更是学生职业素养培养的重要途径。职业素养，作为学生适应社会、融入职场、实现职业发展的基石，涵盖了专业技能、工作态度、团队合作能力等多个方面。在快速变化的职业世界中，高职学生的职业素养直接关系到他们的就业质量和职业成长。

因此，构建一个高效的评价体系，对于准确评估和系统提升学生的职业素养至关重要。这样的评价体系不仅可以帮助教育者了解教育成效，指导教育实践的改进，也能为学生提供明确的成长方向和改进措施，促进他们的全面发展。由此可见，研究并构建高职劳动教育中的学生职业素养评价体系，不仅是提升教育质量的需要，更是适应社会发展、满足产业需求的必然选择。

一、评价体系的构建原则

（一）全面性原则

在构建高职教育中学生职业素养的评价体系时，首要原则是其全面性。这个原则的核心在于确保评价覆盖职业素养的所有关键领域，从而形成对学生职业能力全方位的认识和评估。具体而言，全面性原则要求评价不仅关注学生的专业技能——即他们完成特定职业任务所需的技术和知识水平——也要同等重视他们的工作态度，包括职业责任感、对工作的热情以及持续学习和自我提升的意愿。

此外，团队合作能力的评价也不可或缺，因为现代工作环境往往要求员工能够在团队中有效沟通、协作解决问题。职业道德，作为职业素养的另一重要组成部分，涉及诚信、公正、尊重等基本原则，是职业人士必须遵守的行为准则。同时，创新能力的评价也至关重要，它体现了学生在面对新问题时提出并实施解决方案的能力，是职业发展中不可或缺的一环。

全面性原则的实施，能够确保评价体系不仅量化学生的专业技能水平，而且能够评估他们的综合职业能力，包括在真实或模拟的职业环境中面对挑战的能力。这种全面的评价方法为教育者提供了丰富的数据，帮助他们更准确地识别学生的优势和提升领域，从而为每位学生的职业发展提供更为针对性的指导和支持。因此，全面性原则不仅是构建高效职业素养评价体系的基石，也是确保学生能够在职业生涯中取得成功的关键。

（二）科学性原则

在构建高职教育学生职业素养的评价体系中，科学性原则起到了决定性的作用。这一原则要求所有评价活动都必须建立在坚实的理论和经验证据之上，确保所采用的评价方法和工具既有理论依据，又有实践支持。为此，教育者需要深入研究教育学、心理学等学科的最新发展，理解这些理论对学生学习过程和职业素养发展的影响。

当设计评价体系时，教育者应考虑如何有效地测量学生的专业知识、技能应用能力、团队合作态度、职业道德观念及创新思维等多方面的素养。这包括选择符合心理学测量标准的工具来评估学生的行为和心理特征，以及依据教育学原理来设计能够促进学习和发展的评价流程。

此外，科学性原则还强调评价体系需要与行业标准和需求紧密结合。这意味着评价工具和方法不仅要科学可靠，还应具备高度的行业相关性，能够准确衡量学生是否达到了职业领域内认可的技能和素质标准。为此，教育者可能需要与行业专家合作，确保评价标准既反映了学术研究的最新成果，又符合职业实践的实际要求。

通过基于科学理论和实证研究选择评价方法和工具，可以大大提高评价的效度和信度，确保评价结果能够准确和真实地反映学生的职业素养。这种科学性原则的贯彻实施，不仅有助于教育者深入理解学生的学习和发展状况，也为学生提供了有价值的反馈，促使他们在职业素养方面取得持续进步。

（三）实践性原则

实践性原则在高职教育学生职业素养的评价体系中占据核心位置，它强调将评价与学生的实际工作经验紧密结合，以确保评价过程的真实性和有效性。考虑到高职教育着重于培养学生的实际操作能力和职业技能，将评价活动延伸到实习、实训等实践环节中去，不仅是逻辑上的必然选择，也是教育目标实现的关键途径。

这种评价方式要求教育者精心设计评价活动，确保学生在各种真实或接近真实的职业环境中被评价和观察。这可能涉及到在企业实习期间对学生的工作表现进行评估，或者在校内外的实训基地中通过模拟项目来检测学生的操作技能和问题解决能力。通过这样的评价，学生不仅能够获得关于自己在实践活动中表现的直接反馈，还能够更深入地了解职业角色的要求，理解所学知识和技能在工作中的具体应用。

此外，紧密结合实践活动的评价还能够为学生提供一个展示自身能力的平台，让他们在实际工作情境中体验职业生涯，从而更好地评估自己的职业兴趣和发展方向。这种评价不仅有助于提升学生的职业技能，也能够激发他们的职业热情，增强对未来职业生涯的信心和期待。

综上所述，将评价紧密结合到实践活动中，不仅能够确保评价结果的真实性和准确性，还能够为学生提供宝贵的学习机会和成长机会，促进他们职业素养的全面提升。这种实践性原则的实施，体现了高职教育聚焦于实际应用和职业发展的教育理念，对于提高教育质量和学生就业能力具有重要意义。

（四）发展性原则

发展性原则在高职教育学生职业素养的评价体系中扮演着至关重要的角色。这一原则的核心思想是将评价过程转化为一个促进学生个人成长和职业发展的机会，而不仅仅是判断学生是否达到了某个标准的手段。这种评价方式的目标是通过反馈和指导，帮助学生深入了解自己在职业素养方面的表现，明确自身的长处和待改进之处。

实施发展性评价的关键在于提供及时、具体且富有建设性的反馈。这种反馈应当旨在鼓励学生反思自己的学习经历和工作表现，识别他们在专业技能、工作态度、团队协作、职业道德等方面的强项和弱点。更重要的是，反馈不应停留在指出问题上，而应包括提供解决策略和改进途径，指导学生如何在今后的学习和职业生涯中做出调整和提升。

此外，发展性原则还强调评价应当是一个动态的、持续的过程，而不是一次性的事件。教育者应鼓励学生将评价视为自我发展的一部分，将学习和改进视为一种持续的需求。这种方式不仅能够激发学生的内在动力，使他们更加主动地参与到学习和职业准备中，也能够帮助他们建立起终身学习的观念，为未来的职业生涯做好准备。

通过实施发展性评价，高职教育能够更有效地支持学生的个人和职业发展，为他们提供成为行业所需、素质全面的专业人才的机会。这种评价不仅有助于学生认清自身定位，也促进了他们对职业生涯的积极规划和持续投入，最终达到个人成长和职业成功的双重目标。

（五）差异性原则

在高职教育学生职业素养的评价体系中，差异性原则的重要性不容忽视。这一原则认识到每个学生都是独特的个体，他们拥有不同的学习经历、兴趣爱好、职业目标以及能力水平。因此，为了更准确地评估每位学生的职业素养，并促进他们的全面发展，评价体系必须采用灵活多样的评价策略，以适应学生的个性化需求。

实施差异性原则意味着在评价过程中，教育者需要细致考虑学生的背景信息，包括他们的先前知识、技能水平、学习风格及职业兴趣等。基于这些信息，教育者可以为不同的学生定制不同的评价标准和方法。例如，对于那些对特定领域有浓厚兴趣的学生，可以通过项目式学习和评价来激发他们的学习动力；而对于需要额外支持的学生，可以提供更多的指导和反馈，帮助他们逐步提升职业素养。

此外，差异性原则还强调评价方法的多样性。这可能包括传统的笔试和操作考核，也包括口头报告、团队项目、实习表现评价等非传统评价形式。这种多元化的评价方式不仅能够更全面地反映学生的职业素养，也为学生提供了展示自己独特才能的机会。

采用个性化的评价策略有助于实现评价的公平性，确保每位学生都能在公平的条件下展示自己的能力和潜力。同时，这种评价方式也更能激发学生的学习兴趣，满足他们的个性化学习需求，从而更有效地促进他们的职业素养发展。

综上所述，差异性原则在构建高职教育学生职业素养评价体系中发挥着至关重要的作用。通过实施个性化的评价策略，不仅可以提高评价的准确性和公平性，还能更好地促进学生的个性化发展，为他们的未来职业生涯奠定坚实的基础。

总而言之，高职劳动教育中学生职业素养评价体系的构建应遵循全面性、科学性、实践性、发展性和差异性这五大原则。这不仅能够确保评价结果的有效性和准确性，也有助于促进学生的职业素养持续发展，最终实现高职教育的培养目标。

二、高职劳动教育与学生职业素养评价体系的构建策略

在构建高职劳动教育中的学生职业素养评价体系时，采取一系列明确和系统的策略是至关重要的。首先，评价指标的确定应基于对职业素养核心要素的全面理解，涉及专业技能、工作态度、团队协作、职业道德及创新能力等多个维度。这一步骤要求教育者进行深入的需求分析，确保评价指标既能全面覆盖职业素养的关键方面，又具有针对性和可操作性。

其次，评价工具的开发需要紧密结合所确定的评价指标进行。这可能包括自我评价问卷、同伴评价表、教师观察记录、实习单位反馈报告等多种形式。开发这些工具时，应考虑其科学性和实用性，确保能够有效、准确地收集评价数据。同时，评价工具的设计还应允许对学生的职业素养进行连续和多角度的观察，以获得更全面的评价结果。

在评价方法的应用上，结合形成性评价和总结性评价是一种有效的策略。形成性评价通过持续的监测和及时反馈，支持学生的学习和进步；而总结性评价则在一定周期结束时，对学生的职业素养进行综合评估。这种双轨评价系统不仅能够促进学生的即时改进和长期发展，也为教育者提供了改善教学和培训计划的依据。

此外，利用技术手段提高评价效率和公正性也是构建评价体系时不可忽视的策略。现代信息技术，如在线评价平台、电子投票系统和数据分析软件，可以大大提高评价数据的收集效率、处理效率和分析效率。同时，这些技术手段还有助于保证评价过程的透明度和客观性，从而使评价结果更加公正和可信。

综上所述，通过遵循上述策略，高职教育中的学生职业素养评价体系可以更加科学、系统地构建，有效促进学生的职业素养发展，同时为教育改革和课程优化提供坚实的支撑。

第三节　高职劳动教育与学生职业素养评价体系的具体内容

在当今社会，随着经济的发展和产业的转型升级，对技术技能型人才的需求日益增长。高职劳动教育旨在通过实践教学和工作经验的积累，培养学生的专业技能和操作能力，同时加强他们的职业道德和责任感。

因此，构建一个有效的职业素养评价体系显得尤为重要。这样的评价体系能够系统地评估和监控学生职业素养的发展，为教育者提供关于教学效果的反馈，同时指导学生在职业成长路径上进行自我改进。综上所述，高职劳动教育中职业素养评价体系的构建，不仅是提升教育质量的关键措施，更是促进学生个人发展和职业成功的重要策略。

一、评价体系的构成

在构建高职劳动教育与学生职业素养评价体系时，我们面临着一个复杂但至关重要的任务。这一体系的构成涵盖了从评价目标的设定、评价内容的细化到评价方法的应用、再到评价工具的选择和评价过程的执行等多个方面，每一环节都对促进学生职业素养的全面发展起到关键作用。

（一）评价目标的设定

在构建高职劳动教育中的学生职业素养评价体系时，评价目标的明确设定无疑是整个过程的基石。这一步骤要求教育者和评价者深入理解高职教育的核心使命，即培养学生适应快速变化的职业环境所需的综合能力。因此，评价目标的制定必须综合考虑学生职业素养的多个关键维度，确保能够全面反映学生在职业发展过程中所需的核心能力和素质。

首先，专业知识的掌握程度是职业素养评价中的重要组成部分，它直接关系到学生是否能够理解并应用专业领域内的基本理论和知识。在评价目标中明确这一点，旨在鼓励学生深化专业学习，不断丰富和更新其知识储备。

其次，实际技能的应用能力强调了学生将理论知识转化为实际操作的能力，这在职业技术教育中尤为关键。评价目标应包括对学生在实际工作情境中的技能表现和问题解决能力的考察，促进学生实践能力的持续提升。

此外，职业态度和价值观的内化同样重要。这包括学生的工作责任感、团队合作精神、职业道德标准等方面。这些非技能要素在职业生涯中起着至关重要的作用，影响着学生的职业形象和职业发展。因此，在评价目标中包含这一维度，有助于引导学生形成正面的职业态度，培养良好的职业习惯。

综上所述，通过全面覆盖学生职业素养的各个关键方面，评价目标的设定不仅为评价体系的构建提供了清晰的方向，也为高职教育培养高素质技术技能型人才提供了坚实的基础。这种目标导向的评价策略，能够有效地指引评价活动的实施，确保评价结果能够真实反映学生的职业素养水平，促进他们在未来职业道路上的成功和成长。

（二）评价内容的细化

在构建高职教育中学生职业素养的评价体系时，评价内容的细化直接决定了评价活动的具体实施和最终效果。这一过程中，教育者必须首先对职业素养的多个维度进行深入分析和理解，明确每个维度的具体含义及其在职业发展中的作用。然后，基于这种深入的理解，将抽象的职业素养维度转化为具体、明确且可操作的评价标准和指标。

对于技能应用能力的评价，不仅要关注学生在实训中的操作技能，如熟练度和准确性，还要评估他们面对复杂问题时的应对策略和解决效率。这不仅涵盖了学生对专业知识的应用能力，还包括了他们在实际工作环境中应用这些技能解决问题的能力。例如，可以通过模拟真实工作任务的实训项目，评价学生如何运用专业技能进行有效的问题分析、制定解决方案并实施操作。

在职业态度的评价方面，重点是考查学生的工作责任心、团队合作精神和遵循职业道德规范的意识。这包括学生在团队项目中的协作态度、对任务的认真程度，以及在面对职业道德挑战时的反应和决策。例如，通过团队合作项目，观察学生是否能够主动承担责任、是否能够有效沟通协调以及在遇到道德困境时是否能够坚持正确的行为准则。

此外，评价内容的细化还应包括对学生创新能力、学习能力以及自我管理能力等其他职业素养维度的评估，这些能力同样对学生的职业发展至关重要。通过设计具体的评价活动和任务，如创新思维训练、学习策略应用案例分析等，可以有效地评估学生在这些方面的表现和能力。

总之，评价内容的细化是实现职业素养评价目标的关键一步，它要求教育者不仅要准确理解职业素养的内涵，还需要根据实际教学和行业需求，设计出具体、有效的评价标准和指标，从而确保评价活动能够全面、准确地反映学生的职业素养水平，并促进他们在各个维度上的持续成长和提升。

（三）评价方法的多样化

在构建高职教育学生职业素养的评价体系中，评价方法的选择对于确保整个体系的有效运行至关重要。多样化的评价方法能够提供一个全方位的视角，以更准确地捕捉和理解学生职业素养的各个方面。具体来说，结合自评、同伴评价、教师评价以及企业导师评价等多种方法，可以实现从个体内部到外部多个层面的综合评估，每种评价方式都有其独特的价值和功能。

自评允许学生对自己的职业素养进行反思和评估，这种内省过程对于学生自我认知的提升非常重要。通过自评，学生可以更清晰地了解自己在职业技能、态度以及价值观等方面的当前水平和提升空间，有助于培养他们的自我管理能力和终身学习能力。

同伴评价则提供了来自同龄人的视角。学生在评价同伴的过程中，不仅能够学习如何客观地评估他人，还能通过对比和交流，发现自己的不足和潜在的成长点。同伴评价还能促进学生间的正向竞争和相互支持，增强团队协作精神。

教师评价则更多地关注学生职业素养的专业性和系统性发展。作为专业知识和技能的传授者，教师能够从专业角度对学生的职业素养进行准确评估，提供专业指导和建议，帮助学生在专业领域内实现更高水平的成长。

企业导师评价，作为来自实际工作环境的反馈，能够提供关于学生职业素养在实际应用中表现的第一手信息。企业导师能够从行业的需求出发，评价学生的职业技能是否满足工作岗位的要求，以及他们的工作态度和职业道德是否符合企业文化，为学生的职业发展提供实际的参考和指导。

综合运用这些多元化的评价方法，不仅能够确保评价过程的客观性和公正性，还能够为学生提供来自不同视角的反馈，激发他们从多个层面对自身职业素养进行反思和评估。这种全方位的评价机制是促进学生职业素养全面发展的有效手段，有助于学生更好地准备和适应未来的职业生涯。

（四）评价工具的选择和开发

在高职教育中构建学生职业素养的评价体系时，评价工具的精心选择和创新开发是确保评价活动有效性的关键。这些工具和技术应当能够适应评价内容的多样性和评价方法的复杂性，以便准确、全面地收集所需的数据和信息，从而对学生的职业素养进行有效评估。

问卷调查作为一种常见的评价工具，通过精心设计的问题，可以收集学生自我报告的数据，涉及他们的知识掌握、技能运用、职业态度等方面。为了提高问卷的响应率和数据质量，电子问卷的应用变得越来越普遍，它不仅方便学生在线填写，还可以通过数据分析软件快速处理和分析数据。

观察法则能够在自然或控制的环境中直接观察学生的行为和表现，尤其适用于评价学生的实际操作能力和团队协作过程。通过结构化或非结构化的观察记录表，教师或评价人员可以系统地记录观察到的学生行为，从而获得直观、实时的评价数据。

案例分析是另一种重要的评价工具，特别是在评价学生的问题解决能力和创新能力时。通过设计与实际职业情境相关的案例，教育者可以引导学生进行深入分析，提出解决方案，从而评估学生的批判性思维和应用知识解决问题的能力。

实际操作考核，则是评价学生专业技能应用能力的直接和有效方式。通过模拟真实工作环境的考核项目，学生可以展示他们的技能水平和工作效率，同时，评价者也能够直接观察和评估学生的操作技能和工作态度。

此外，利用现代信息技术，如在线反馈系统、视频评价工具等，不仅可以提高评价的效率，还可以增强评价的互动性和实时性。例如，视频评价工具允许学生提交操作演示视频，评价人员可以随时查看并提供反馈，这种方式不仅节省了时间和资源，还能够确保评价的全面性和客观性。

总之，评价工具的恰当选择和创新开发，结合评价内容和方法的需求，是构建有效评价体系的基础。通过这些工具和技术的应用，可以有效地收集、分析评价数据，从而准确地反映学生的职业素养水平，支持他们的职业成长和发展。

（五）评价过程的执行

评价过程的有效执行对于确保高职劳动教育中学生职业素养评价体系的成功至关重要。这一过程不仅要求对评价活动的每个步骤进行精心规划和组织，还需要确保评价过程的透明度和公正性，以提高评价结果的接受度和可信度。

在评价准备阶段，制定一个清晰的时间表和详尽的执行计划是首要任务。这包括确定评价的具体时间点、所需资源和参与人员等，确保所有相关方都对评价的目的、内容和方法有清晰的理解。此外，开展评价前的培训和指导对于保证评价活动顺利进行同样重要，特别是对于教师和其他评价人员来说，确保他们能够熟练掌握评价工具和方法，公正无偏地执行评价。

在评价实施阶段，有效的沟通和协调机制显得尤为关键。这需要建立一个平台或机制，以便于评价参与者之间的信息共享和问题解决，确保评价活动按计划顺利进行。同时，采取措施保护学生的隐私和评价数据的安全也是此阶段不可忽视的重要方面。

评价结果的分析和反馈改进环节是评价过程中的重要组成部分。通过对收集到的评价数据进行深入分析，教育者可以识别学生职业素养发展的趋势和模式，发现存在的问题和不足。基于这些分析结果，及时向学生提供具体、建设性的反馈至关重要，这不仅能够帮助学生了解自己的表现，明确改进方向，还能激发他们的学习动力和自我提升意愿。

此外，评价结果的分析还应超越对个别学生或特定群体的评估，扩展到对整个教育系统的反思和评价。这意味着，评价结果应被用作教育改革和课程优化的依据，通过识别和解决教学过程中的系统性问题，不断提高教育质量和效果。

综上所述，评价过程的执行不仅要求教育者对评价活动进行周密的规划和组织，还需要在实施过程中保持高度的透明度和公正性。通过对评价结果的深入分析和及时反馈，不仅能够促进学生职业素养的持续发展，也能够为教育实践的改进提供科学的依据。

二、面临的挑战与解决方案

实施高职教育中的职业素养评价体系是一个充满挑战的过程，其中一项主要挑战是评价标准的统一性问题。由于高职教育涉及多个专业领域，每个领域的具体职业要求和技能标准都有所不同，这使得制定一个既通用又能反映专业特点的评价标准变得十分困难。此外，评价资源的限制也是一个普遍存在的问题，尤其是在人力、财力以及设备等方面的不足，这些因素都可能影响评价体系的有效实施。

面对这些挑战，提出的解决方案首先是加强评价体系的标准化建设。这需要教育管理者、教师和行业专家共同参与，综合考虑各专业领域的特点和行业需求，制定出既具有普遍适用性又能体现专业特色的评价标准。同时，应对评价标准进行定期的修订和更新，以适应职业发展的变化。

其次，提升评价人员的专业能力也是关键。通过定期的培训和学习，提高教师和评价人员对职业素养评价体系的理解和操作能力，确保他们能够准确、公正地执行评价工作。此外，教育机构还应加强与企业和行业的合作，引进外部专家参与评价过程，提高评价的专业性和实践性。

最后，增加评价资源的投入也是解决方案的一部分。这包括提供足够的财政支持用于购买或更新评价工具和设备，以及优化评价环境，确保学生能够在适宜的条件下展现其职业素养。同时，利用信息技术优化评价流程，提高资源使用的效率。

综上所述，通过这些综合性的解决策略，可以有效地应对实施职业素养评价体系过程中可能遇到的挑战，确保评价体系的顺利实施和持续改进。

第七章　高职劳动教育与职业素养培养的策略与建议

第一节　高职院校在劳动教育中的角色定位

一、高职院校的教育特色

高职院校的教育定位主要针对的是社会和市场对技术技能型人才的需求，强调知识与技能的紧密结合。这些院校的教育特色显著地体现在实践教学的比重上，旨在通过实际操作、实习实训等形式，增强学生的实际工作能力和解决问题的能力，确保学生毕业后能迅速适应工作岗位，提高就业竞争力。

高职院校在进行劳动教育方面，充分利用其实践教学的教育特色。通过设立多种形式的实训基地、工作坊、模拟公司等，让学生在学习专业知识的同时，参与到真实或接近真实的工作环境中，进行劳动实践和技能训练。此外，高职院校还与企业紧密合作，引入企业项目和实际案例，组织学生参与解决实际工作中的问题，从而培养学生的职业素养、团队合作能力及创新能力。通过这种劳动教育，学生不仅能够学习到专业知识和技能，更能学会如何在职场中有效沟通、协作与解决问题，为未来的职业生涯奠定坚实的基础。

二、对高职院校的要求

对高职院校的要求体现在多个层面，旨在通过监管和引导，促进高职教育的健康发展，满足经济社会发展对技能型人才的需求。具体来看，对高职院校的主要要求包括：

（一）人才培养定位明确

高职院校的核心使命在于为社会培养高质量的应用型和技能型人才，这种教育定位不仅符合当前的社会需求，也是对未来职场需求的预见和做准备。这一教育定位的实质是培养学生具备即时投入工作的能力，以及解决实际问题的技巧，特别是在技术应用、服务管理等领域。为了实现这一目标，高职院校必须精心设计其专业设置和课程体系，确保教学内容既具有前瞻性又具备实用性，能够满足地区经济发展的实际需求和产业转型升级的新要求。

为了紧密对接地方经济社会发展的需求，高职院校应当进行深入的市场调研，了解当地及周边地区产业发展的趋势和人才需求，依此调整和优化专业设置。同时，课程体系构建需注重实用性和创新性，通过与地方企业和行业的密切合作，引进企业的实际案例和最新技术，使学生能够学习到最前沿的知识和技能。此外，高职院校还需建立灵活的课程更新机制，及时调整课程内容，确保教学内容与市场需求同步更新，避免教育与经济发展脱节。

总之，高职院校在人才培养定位上，要求不仅要紧跟地方经济发展的步伐，还要预见未来产业的变化，通过实施精准的专业设置和动态的课程体系建设，培养出既具有扎实专业知识又具备良好职业技能的应用型人才，从而有效支持区域经济的持续发展和产业结构的优化升级。

（二）教育质量与标准提升

在实际政策层面，多项措施已被推出以保障和促进这一目标的实现。

首先，在师资队伍建设方面，强调需要提升教师的专业水平和教学能力。例如，《国家职业教育改革实施方案》提出，要加大教师培训力度，特别是提高教师的实践教学能力，确保教师队伍能够满足职业教育特色和需求。此外，还鼓励高职院校教师赴企业实践，以及引进行业专家入校授课，旨在通过实践经验的积累和行业视角的引入，丰富教师的教学内容和方法。

其次，在教学方法和手段的现代化提升方面，要推动教育信息化发展政策，鼓励高职院校利用信息技术改进教学方式。《教育信息化 2.0 行动计划》明确提出，要深化教学改革，推广数字化学习资源的开发和应用，利用网络平台和虚拟仿真技术等新兴教育技术，增强学习的互动性和实践性。

最后，完善的质量评估和监控机制是提升教育质量的关键。《职业教育质量年度报告制度》要求高职院校每年发布教育质量报告，内容涵盖教学质量、学生就业情况、教育资源配置等方面。同时，《职业教育质量认证制度》的推出，也为高职院校提供了教育质量的标准和参照，鼓励院校按照高标准建设和管理，持续推进教育质量的改进和提升。

通过这些政策的实施，不仅为高职院校提供了明确的质量提升方向和标准，也为其教育教学改革提供了坚实的政策支持和实践指南。这些措施的共同目标在于确保高职院校能够培养出符合社会和市场需求的高素质技能型人才，为国家的经济发展和社会进步做出贡献。

（三）强化实践教学环节

高职院校被要求将实践教学作为教育教学的核心内容之一，目的是更好地培养学生的实际操作能力和工作适应能力。为此，多项具体的政策措施的制定和实施，是为了保障学生能够获得高质量的实践教育。

首先，关于实训基地的建设，国家通过《职业教育提质计划》等政策文件，鼓励和支持高职院校建设和完善校内外实训基地。这些实训基地不仅提供了与真实工作环境相仿的实践场所，还引进了行业前沿的技术和设备，使学生能够在学习期间就接触和掌握最新的技术和工艺。

其次，加强与企业的合作，是实践教学环节得以强化的另一重要措施。《深化产教融合、校企合作的指导意见》等文件，明确要求高职院校与企业建立紧密的合作关系，共同设计课程、共建实训基地，并实现资源共享。通过这种合作，学生不仅能在企业中进行实习实训，还能通过参与企业的实际项目，了解企业文化，提前适应未来的工作环境。

最后，实施工学交替教学模式也是强化实践教学的一个重要方面。这一模式通过将学生的学习时间在校内学习与企业实习中交替进行，从而保证学生能够将所学知识应用于实际工作之中，同时积累宝贵的工作经验。《职业教育工学交替教学模式推进计划》等政策的推出，进一步促进了这一模式的广泛应用。

这些政策和措施的实施，显著提升了高职院校实践教学的质量和效果，确保了学生通过充分的实践经验，能够掌握必要的职业技能，增强其就业竞争力。这不仅满足了学生个人发展的需求，也为社会培养了大量的技能型人才。

（四）服务地方经济社会发展

高职院校作为培养专业技术人才的重要基地，其在服务地方经济和社会发展中的作用日益受到重视。为了更好地发挥高职院校在地方发展中的作用，政府出台了一系列政策措施，鼓励和支持高职院校积极参与到地方经济社会发展中去。

首先，在技术服务方面，通过《关于加快发展现代职业教育的决定》等政策文件，明确鼓励高职院校利用其在专业技术领域的优势，为地方企业提供技术咨询、技术开发和技术转移等服务。这不仅帮助企业解决了技术难题，提高了产品技术含量和市场竞争力，也为高职院校提供了将理论知识应用于实践的机会，实现了教育教学内容与企业需求的紧密结合。

其次，在成果转化方面，通过《中华人民共和国促进科技成果转化法》等相关法律法规，鼓励高职院校加强与企业的合作，将科研成果转化为实际生产力。政府还设立了专项基金，支持高职院校在成果转化过程中的研发和推广活动，促进了科技成果在地方经济中的应用，推动了产业升级和经济结构的优化。

最后，关于继续教育，鼓励高职院校充分利用其教育资源优势，开展各类继续教育和培训项目。

这些政策和措施的实施，不仅加强了高职院校与地方经济社会的联系，也使高职院校在服务地方经济社会发展中发挥了更加积极和重要的作用。通过技术服务、成果转化和继续教育等多种方式，高职院校为地方经济社会发展提供了有力的支持和服务，成为推动地方经济发展和社会进步的重要力量。

三、角色定位

高职院校在新时代的教育格局中，担负着为社会培养高素质技能型人才的重要使命。在劳动教育方面，高职院校的角色定位可以从多个维度进行探讨，它们不仅是实践技能的传授者，更是创新精神、工匠精神的培养者以及全面发展的引领者。

(一)实践技能传授者

作为实践技能传授者的角色，高职院校致力于通过实践教学环节的强化，为学生打造一个接近真实工作环境的学习平台。这些教育机构通过设立各类与专业紧密相关的实训室、工作坊以及与企业合作的实习基地等，提供了丰富且多样化的实践学习机会。

在这些实践平台上，学生有机会深入学习并掌握最新的专业知识。更重要的是，他们能够通过亲自动手操作，将抽象的理论知识转化为具体的实践技能。这种直接参与、学以致用的教育模式，极大地激发了学生的学习兴趣和探索精神，同时也让学生在解决实际问题的过程中增强了自信心和责任感。

此外，通过与行业内的企业合作，高职院校还能为学生提供真实的工作场景体验。学生在实习期间，不仅能够将课堂上学到的知识应用到实际工作中，还能够通过与企业员工的交流合作，学习到更多职场软技能，如团队协作、沟通协调等。这样的经验积累，不仅让学生对未来的职业生涯有了更清晰的规划和期待，也显著提高了他们的就业竞争力。

总的来说，高职院校作为实践技能的传授者，通过建立完善的实践教学系统，不仅使学生能够掌握专业的技能，更重要的是帮助学生建立了终身学习的理念，为他们未来在职业生涯中不断进步和发展奠定了坚实的基础。

(二)创新精神培养者

在培养学生创新精神的过程中，高职院校采取了一系列具有前瞻性的措施和策略，致力于激发学生的创新意识和创造力。这些教育机构深知，在快速变化的现代社会中，仅仅掌握现有知识和技能远远不够，更重要的是要培养学生的创新思维和解决问题的能力。因此，高职院校鼓励学生在学习和实践过程中，勇于挑战传统观念，不断探索和尝试新的思路和方法。

为了实现这一目标，高职院校举办了各种创新竞赛、科技活动和项目研发等形式的活动。这些活动不仅为学生提供了一个展示自己创意和技能的平台，还促进了学生之间的思想碰撞和知识交流，从而激发了学生的创新意识和创造力。在这样的环境中，学生被鼓励对现有知识进行质疑和超越，学会独立思考和自主探索，从而培养了面对问题能够思考多种解决方案的能力。

此外，高职院校还通过与企业和研究机构的紧密合作，引入真实的行业问题和最新技术，使学生在解决实际问题的过程中学会运用创新思维。这种学习模式不仅加深了学生对专业知识的理解，还增强了他们将理论应用于实践的能力，为学生的职业生涯提供了宽广的发展空间。

通过这些综合性的教学策略和活动安排，高职院校成功地为学生构建了一个充满挑战和机遇的学习环境，有效地培养了学生的创新精神和实践能力。

（三）工匠精神传递者

高职院校在推进劳动教育的进程中，承担着至关重要的使命——将工匠精神传递给每一位学生。这种精神，以其对精益求精的不懈追求、对职业的深沉热爱，以及对工作质量的极致关注而著称，成为高职教育中不可或缺的一部分。高职院校通过一系列精心设计的课程和实践活动，致力于培养学生的工匠精神，即追求卓越、注重品质的职业态度。

在课堂教学和实训过程中，教师扮演着至关重要的角色。他们不仅传授专业知识和技能，更通过自身的言传身教，向学生传达对工作的专注和对品质的坚持。例如，在进行技术操作或项目实施时，教师会特别强调工作过程中对细节的关注和对结果质量的严格把控，让学生理解在每一项工作中追求最佳表现的重要性。

此外，高职院校还通过组织参观行业领先企业、邀请行业专家讲座等方式，让学生近距离感受工匠精神的现实意义和应用价值。这些活动不仅拓宽了学生的视野，也激励他们以行业精英为榜样，培养对自己所从事职业的自豪感和热爱。

通过这些综合性教育策略，高职院校成功地将工匠精神深植于学生心中。学生在这样的教育环境中，不仅学会了如何专注于专业技能的提升，更重要的是，他们学会了如何以一种追求卓越、重视每一个细节的态度来对待工作和生活。这样的教育不仅为学生将来的职业生涯奠定了坚实的基础，也为社会培养出了具有高度责任感和优秀职业素养的技能型人才。

（四）全面发展引领者

高职院校作为学生全面发展的引领者，其教育目标远不止于专业技能的培养。这些院校深知，一个人的成长不仅需要硬实力的支撑，更需要软实力的配合。因此，高职院校特别重视学生的身心发展、社会责任感以及团队合作能力等非技能方面的全面培育。

为了实现这一目标，高职院校精心设计并举办了一系列文化、艺术和体育活动，旨在通过这些多元化的校园文化生活，激发学生的兴趣爱好，促进学生的情感发展和审美提升。这些活动不仅丰富了学生的校园生活，也为学生提供了展示自我、认识自我、超越自我的机会。通过参与合唱团、戏剧社、体育竞赛等多样的团体活动，学生能够在实践中学习协作与沟通，培养团队精神。

同时，高职院校还大力推进社会实践活动，鼓励学生走出校园，深入社区、企业及农村等，参与志愿服务、社会调研等项目。这些活动不仅能够帮助学生将所学知识应用于解决社会实际问题中，更重要的是，能够增强学生的社会责任感和公民意识，使他们成为社会发展的积极参与者。

通过这些综合性的教育策略，高职院校成功地引导学生实现了全面发展，不仅在专业领域具有竞争力，更在心理素质、人文素养、社会责任等方面展现出卓越的能力。这种全方位的成长，为学生的未来职业生涯以及更广泛的社会生活奠定了坚实的基础，使他们能够以更加全面和成熟的态度面对生活和工作中的各种挑战。

总之，高职院校在劳动教育中的角色定位多样且关键，它们通过综合性的教育模式，为社会培养了一批既有实践技能，又具备创新精神和工匠精神，能够全面发展的高素质技能型人才，为国家的经济发展和社会进步做出了重要贡献。

第二节 高职院校在职业素养培养中的责任担当

高职院校作为专业技能和职业素养培养的重要基地，在连接教育与就业、学院与社会之间扮演着桥梁和纽带的角色。它们承担着多方面的责任，旨在为社会培养既有专业技能又具备良好职业素养的技能型人才。

一、企业对高职院校的期望

在当前快速变化的社会经济环境中，高职院校面临着前所未有的挑战和机遇。为了培养能够满足市场需求的高素质技能型人才，高职院校必须紧密跟随社会发展和行业需求的步伐，不断优化和更新其教育政策与课程设置。

首先，高职院校需要进行深入的市场和行业研究，以便更准确地把握社会发展趋势和行业技能需求的变化。基于这些研究，高职院校应制定相应的教育政策，更新和开发课程内容，确保所提供的教育服务既符合当前的行业标准，又能预见未来的技术发展方向。这种与时俱进的课程内容不仅能够提升学生的专业技能，还能够增强学生的就业竞争力。

此外，为了更有效地提高学生的实践能力和职业适应性，高职院校必须采用灵活多样的教学方法。案例教学法可以让学生通过分析真实的行业案例，了解专业知识在实际工作中的应用，培养解决问题的能力。项目驱动法则通过让学生参与项目的整个实施过程，从设计到执行，不仅锻炼了学生的实践操作能力，也培养了学生的项目管理和团队合作能力。工学结合模式，即通过理论与实践相结合的学习方式，使学生能够在学习的同时参与实际工作，这种模式极大地增强了学生的职业适应性和综合职业能力。

综上所述，高职院校在制定教育政策和课程设置时，必须紧密结合社会发展和行业需求的变化，采用灵活多样的教学方法，以有效提升学生的实践能力和职业适应性。通过这些措施，高职院校能够为社会培养出更多具有高度职业素养和强大竞争力的技能型人才。

二、社会对高职院校的要求

在当代社会，对高职院校的期待远不止于简单地培养学生的专业技能。社会对高职院校的要求更为全面和深入，旨在塑造一代既具备专业能力又拥有良好职业道德和强烈社会责任感的年轻人。这种期望反映了当前社会对人才素质的高度重视，强调了技能以外的非技能素质在职业发展中的重要性。

首先，职业道德的培养是社会对高职院校的核心要求之一。这包括诚实守信、敬业奉献以及对工作的专业态度等。高职院校通过实践教学、案例分析、角色扮演等多种教学方法，将职业道德教育融入日常学习中，让学生在面对真实或模拟的职业情境时能够做出合理和道德的判断，从而内化为个人的行为准则。

其次，社会责任感的培养也是社会对高职院校的重要要求。在全球化和信息化的今天，社会责任感成为衡量一个人综合素质的重要指标。高职院校通过组织学生参与社区服务、环保项目、公益活动等，增强学生对社会问题的关注和对公共利益的贡献意识，培养他们成为积极参与社会发展、愿意为社会进步贡献力量的公民。

最后，社会期待高职院校能够培养出既专业又负责任的社会公民。这不仅要求学生具备高水平的专业技能，还要求他们能够在未来的职业生涯中展现出良好的职业道德、社会责任感以及对社会有益的创新力和创造力。这种综合素质的培养，需要高职院校在课程设置、教学方法以及校园文化建设等方面做出改进，以满足社会的全面需求。

总之，社会对高职院校的要求不仅仅局限于专业技能的培养，更加强调了职业道德和社会责任感等非技能素质的重要性。通过全面的教育和培养，高职院校有责任向社会输送一批既有技能又有德行、能够为社会做出贡献的优秀人才。

三、家长对高职院校的信任

在当今社会，家长对子女的教育选择充满了期待，特别是当选择将孩子送入高职院校时，更是对高职教育价值的认可。家长们期望高职院校不仅能够为孩子提供一技之长，更希望学校能在孩子的全面发展上发挥重要作用，包括人格塑造和职业规划等方面。

在技能培养方面，家长期待高职院校能够教授孩子实用的技能和知识，这些是孩子将来步入职场的重要基石。家长希望学校能够提供实践性强、与时俱进的教学内容，确保学生掌握最新的行业技能，满足未来就业市场的需求。

然而，家长的期待远不止于此。在人格塑造方面，家长希望高职院校能够为孩子提供一个良好的道德教育环境，教授他们正确的价值观和人生观。通过参与各种社会实践活动、志愿服务等，孩子们能够培养出责任感、团队精神和社会责任感，成为有益于社会的公民。

职业规划则是家长特别关注的另一个方面。家长期待高职院校能够提供专业的职业指导和规划服务，帮助孩子们根据自己的兴趣和专长做出合理的职业选择，规划未来的职业道路。这包括提供职业发展讲座、实习机会、职业咨询等，使学生能够更好地了解各行各业，做出更加明智的职业选择。

家长将孩子的教育和未来寄托于高职院校，这不仅是对学校教育质量的信任，也是对学校在人格培养和职业规划方面能力的期待。他们希望高职院校能够全方位地关注和促进学生的成长，使之不仅在专业技能上有所成就，更在个人发展和社会适应上能够取得成功。这对高职院校而言，既是一种挑战，也是一种责任和使命，要求高职院校在传授专业知识和技能的同时，更加注重学生的全面教育和综合素质培养。

为了满足这些期望和要求，高职院校正积极探索通过校内外资源整合的方式，提升学生的实践能力和职业素养。这包括与企业合作建立实习基地、邀请行业专家参与课程建设和教学过程、组织学生参与社会实践和志愿服务等活动。通过这些方式，高职院校不仅增强了学生的实践操作能力，更加深了学生对职业素养的理解和认识，为学生的全面发展和未来就业奠定了坚实的基础。

参考文献

[1] 盖小丽．新时代高职院校劳动教育研究［M］．长春：吉林大学出版社，2023.05.

[2] 张开江．高职院校劳动教育理论与实践成都职业技术学院劳动教育体系研究［M］．成都：西南交通大学出版社，2022.12.

[3] 梁玉国，夏传波．高职院校学生职业核心能力培养与训练第2版［M］．北京：机械工业出版社，2017.07.

[4] 彭全，何志昌．大学生劳动教育理论与实践［M］．成都：电子科学技术大学出版社，2020.08.

[5] 朱发仁．高职院校“企业化”校园文化研究［M］．成都：电子科技大学出版社，2007.06.

[6] 贺亮明．企业参与高职教育发展的有效机制研究［M］．成都：西南交通大学出版社，2011.02.

[7] 史耀忠．职业素养教育的探索与实践［M］．北京：北京理工大学出版社，2018.05.

[8] 王培松．育匠人筑匠心：现代高职院校工匠精神及其培育路径之研究［M］．北京：中国纺织出版社，2022.04.

[9] 王滋泽．高职院校培养新型职业农民的对策研究［M］．成都：四川大学出版社，2017.01.

[10] 张曾乾．高职院校校园文化建设研究［M］．北京：教育科学出版社，2006.

[11] 高彩霞．高职院校文化素质教育体系研究［M］．北京：中国环境科学出版社，2006.10.

[12] 李超任．高职高专院校文化素质教育理论与实践［M］．长沙：湖南科学技术出版社，2005.

[13] 杨建新，赵刘，朱璋龙．高职院校内涵建设与评价体系建构研究［M］．北京：高等教育出版社，2018. 10.

[14] 魏星，兰海涛．高职院校学生职业素质教育理论与实践［M］．重庆：西南师范大学出版社，2016. 08.

[15] 桑雷著．高职学生职业核心素养及其培养研究［M］．南京：南京大学出版社，2020. 09.

[16] 梁少华．“三步、三类、四维、三线”的高职酒店专业思政探索与实践［J］．现代商贸工业，2024，45（07）：253-256.

[17] 刘文慧．新时代高职院校大学生具身劳动教育现状分析［J］．江苏商论，2024，（04）：123-127.

[18] 梁小丽．乡村振兴背景下高职院校电子商务专业课程思政建设［J］．陕西教育（高教），2024，（03）：78-80.

[19] 夏青，朱祎．高职院校劳动教育与工匠精神培育有机融合实践研究［J］．林区教学，2024，（03）：86-90.

[20] 王新海，马瑾．乡村振兴背景下高职学生劳动教育的探索与实践［J］．南方农机，2024，55（05）：191-194.

[21] 张君君，乔丽彩．高职院校思政教育协同育人工作模式探索——评《高职院校思政育人新略》［J］．教育理论与实践，2024，（08）：2.

[22] 邵锦秀．劳动教育与职业启蒙并行的逻辑、困境与对策［J］．教育理论与实践，2024，（09）：19-23.

[23] 张斌．新时代高职院校工会推进劳动教育的实施路径探究［J］．现代职业教育，2024，（07）：173-176.

[24] 南海风．高职园林专业“劳—专—创”共生融合育人实践研究［J］．科技风，2024，（06）：22-24.

[25] 叶忠．整合与重构：“双高计划”背景下高职院校劳动教育实施体系建设［J］．科教文汇，2024，（04）：49-54.

[26] 鲁浪浪．以“楚怡”精神为特色的劳动教育融入高职专业课程的路径研究［J］．四川劳动保障，2024，（02）：130-131.

[27] 张晓荣．“五育融合”视域下高职院校军事课课程思政建设探析［J］．广东轻

工职业技术学院学报，2024，23（01）：58-63.

[28] 周海．职业院校劳动教育与双创教育的深度融合［J］．湖北开放职业学院学报，2024，37（04）：21-23.

[29] 崔灿，王彬．新媒体背景下劳动教育融入高职院校网络思政路径探析——以湖南科技职业学院为例［J］．湖南工业职业技术学院学报，2024，24（01）：63-67.

[30] 潘泽锴，陈舒婷．人工智能赋能高职大数据专业群劳动教育“四位一体、分层递进”模式构建与实施［J］．西部素质教育，2024，10（04）：95-98.

[31] 任豪辉．新时代高职院校劳动教育的内在逻辑、现实困境及改革路径［J］．机械职业教育，2024，（02）：45-49.